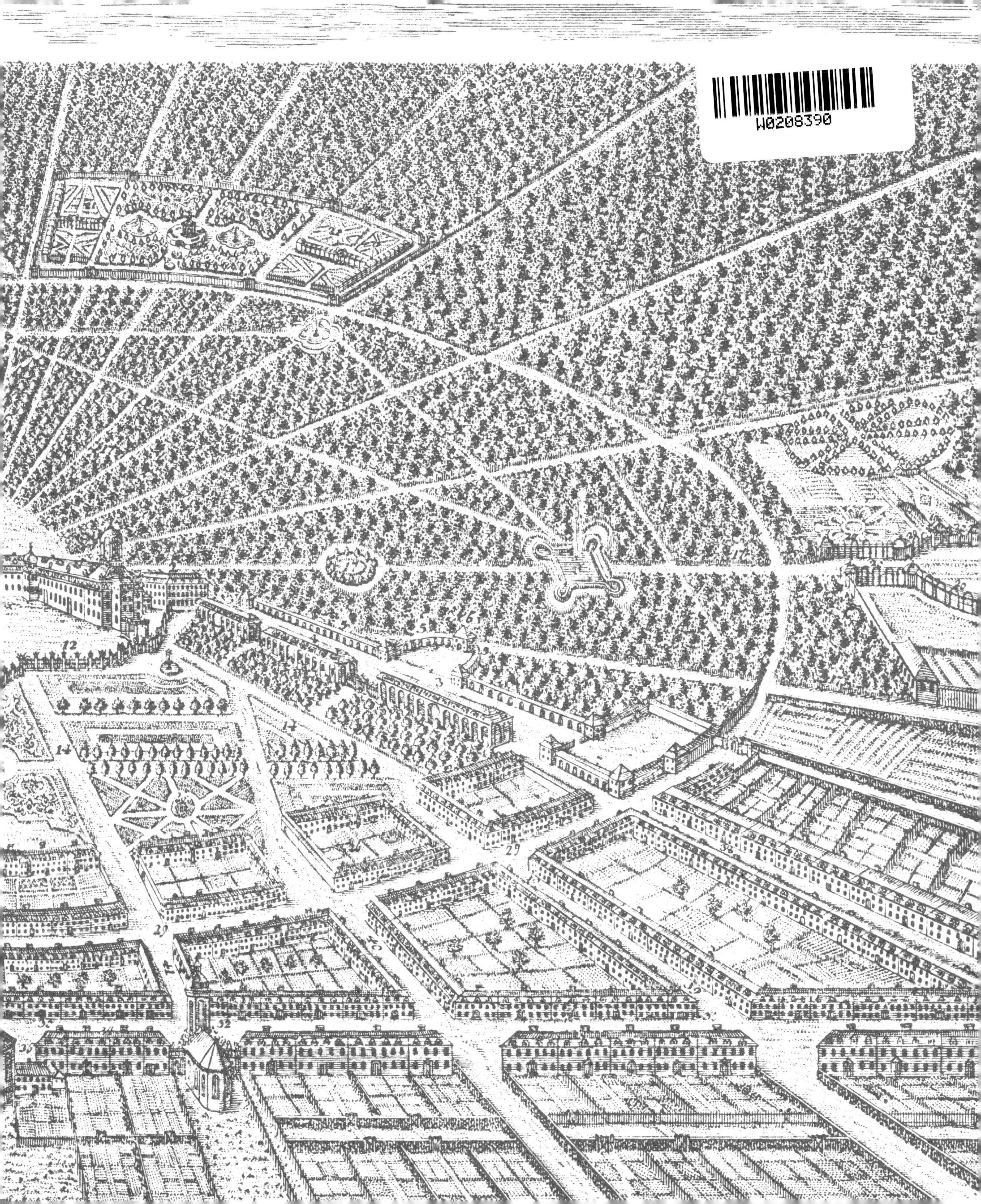

Erlebnis Hardtwald

Gewidmet meinen Kindern Victoria, Christopher & Sophia

Erlebnis Hardtwald

Der Traum in Grün

Herausgegeben von Patricia Blum

G. Braun Buchverlag

IMPRESSUM

G. BRAUN BUCHVERLAG
Karlsruhe
www.gbraun-buchverlag.de

Gestaltung und Produktion: Wager ! Kommunikation,
Altenriet
Gesamtherstellung: Karl Weinbrenner & Söhne GmbH
& Co. KG, Leinfelden-Echterdingen

ISBN 3-7650-8272-4

Inhalt

Einleitung

Kultur und Geschichte

Natur

Wissenschaft und Forschung

Kunst und Holz

Verwertung

Sagen und Geschichten

Mythisches und Magisches

Freizeit und Freizeittipps

Die Hardt und mehr

Anhang

PATRICIA BLUM

VORWORT DER HERAUSGEBERIN

Fantastisches Grün in allen Schattierungen umhüllt sanft eine Stadt, verzaubert zu allen Jahreszeiten, betört alle Sinne. Einst erwachte eine Stadt aus dem Grün – ein Traum wurde wahr.

Es war mir schon immer wichtig, die Natur bewusst wahrzunehmen, doch erst mit der Vision und Verwirklichung des „Karlsruher Mundwerks" war ich inmitten eines „Traums in Grün", im Facettenreichtum dieser Farbe, die ich mit dem Blick einer Künstlerin wahrnahm. Die Schönheit und Vergänglichkeit der Natur im immerwährenden Spiel der Jahreszeiten übten eine starke Faszination auf mich aus und gaben mir dabei das Gefühl einer wunderbaren Vertrautheit, die meine Sinne sanft umhüllte.

Auf einmal sah ich die Natur aus einem anderen Winkel und spürte ihre Bedeutung: als Rückzugsraum ist sie auch für den modernen Menschen von unschätzbarem Wert. Man kann den Zauber des Waldes finden: ein Gefühl der Freiheit, das Strömen von neuer Kraft.

Weit weg von der Wirklichkeit und zum Glück doch so nah, dass man in Karlsruhe nur eine kurze Strecke zurücklegen muss, um „einzutauchen" in eine fantastische Welt in Grün.

Nach Fertigstellung des „Karlsruher Mundwerks" wollte ich mich mit Literatur über den Karlsruher Hardtwald befassen, doch im Buchhandel fand sich kein umfassendes Werk: Inspiration für ein weiteres Projekt. Diese Vision fand ihre Verwirklichung in der Aufnahme dieses Buches in das Verlagsprogramm des G. Braun Buchverlags.

Die Stadt Karlsruhe erwachte und entstand einst mitten im Grün des Waldes – wenn man einer Legende glauben darf, wurde ein Traum des Markgrafen Karl Wilhelm von Baden-Durlach wahr. In einer Zeit, als es unter den Fürsten Europas „en vogue" war, ihren absolutistischen Herrschaftsanspruch auch in der Gestaltung ihrer Regierungssitze und deren Umgebung abzubilden, wurde dem urwüchsigen Hardtwald ein Plan auferlegt. Es wurden strahlenförmige, vom Karlsruher Schlossturm ausgehende Alleen angelegt, die bis weit nach Norden zu den Hardtdörfern führen und sich in der Weite des Horizonts und der Unendlichkeit verlieren. Diese Alleen sollten die fürstliche Jagd erleichtern und manifestieren bis heute die herrschaftliche Ordnung. Nicht nur die Bürger, sondern auch die Landschaft sollte sich unterordnen.

Schließlich wurde das Gebiet zum Wildpark erklärt und war den Bürgern bis 1918 für fast hundert Jahre nicht frei zugänglich. Es entstand eine abgesonderte Gemarkung ohne Siedlung, eine grüne, unbewohnte Insel. Auf diese Weise bewahrte der „Karlsruher Hardtwald" lange Zeit seine Abgeschiedenheit – ein geheimnisvolles Gebiet ohne Zugang. Aus diesem Grund gab es auch lange Zeit über den „Karlsruher Hardtwald" keine Veröffentlichungen.

Die erste topographische Aufnahme des Hardtwaldes geht auf eine „Spezialkarte" von Jacques Michal aus dem Jahre 1705 zurück. Auf früheren Karten fand man nur die Waldumrisse ohne weitere Angaben, jetzt waren auch schon die 1693 entstandenen Siedlungen der französischen Einwanderer „Welschneureut" und „Friedrichstal" eingetragen. Erst im Jahre 1715, nach der Gründung von Schloss und Stadt Karlsruhe, entstand dann detaillierteres Kartenmaterial, kaum bekannte Werke jedoch, da sie nicht öffentlich einsehbar waren. Im Jahre 1933 erschien das erste umfassende Werk über den „Karlsruher Hardtwald" von Gustav Rommel, dem Bezirkspfleger der Badischen historischen Kommission. Für den geschichtlichen Teil seines Buches benutzte er in erster Linie die Urkunden- und Aktenbestände des Generallandesarchivs in Karlsruhe und bearbeitete Überlieferungen.

Mit diesem neuen Buch kann nun endlich ein aktuelles Standardwerk über den Hardtwald vorgelegt werden. Für mich ist es eine besondere Freude und Ehre, dass ich für

▸ HERAUSGEBERIN PATRICIA BLUM UND VERLEGER KARL-HEINZ WEINBRENNER BEI DER VERTRAGSUNTERZEICHNUNG IM HARDTWALD

dieses Projekt viele namhafte Autoren gewinnen konnte. Dazu zählen u.a. Prof. Dr. Claus Mattheck vom Forschungszentrum Karlsruhe, Prof. Dr. Franz Fiedler und Dr. Manfred Böttger von der Universität Karlsruhe, Prof. Dr. Georg Philippi vom Naturkundemuseum in Karlsruhe, Prof. Volker Ihle von der Berufsakademie Karlsruhe sowie Dr. Elsa Nickel und Andreas Wolf von der Bezirksstelle für Naturschutz und Landschaftspflege Karlsruhe. Der Themenkreis der Aufsätze umfasst die Bereiche Kunst und Kultur, Naturwissenschaft, Geschichte(n), Handwerk, Sport, Kulinarisches und Tourenvorschläge. Auf diese Weise soll dem Leser eine „Heimatkunde der besonderen ART“ angeboten werden.

Abenteuer kann man im und mit dem Hardtwald erleben – und wenn man ein Buch darüber schreibt. Sicherlich war es auch für den G. Braun Buchverlag ein „Abenteuer der besonderen ART“, ein Buch mit mir als Herausgeberin zu gestalten. An dieser Stelle möchte ich allen Mitarbeitern in Karlsruhe und Leinfelden-Echterdingen danken, die zur Entstehung des Buches beigetragen haben.

Danken möchte ich auch Herrn Wilhelm Knobloch, dem ehemaligen Revierförster des Bezirkes Hardtwald-Waldstadt, der sich engagiert für den Erhalt der Natur einsetzt und der mir über viele Fragen der Geschichte des Hardtwaldes Auskunft gab. Nicht zuletzt möchte ich auch allen Dank aussprechen, die mich bisher auf meinen „Kunstwegen“ begleitet haben – ganz besonders Herrn Oberforstrat Thomas Rupp vom Staatlichen Forstamt Karlsruhe-Hardt.

Den Leserinnen und Lesern wünsche ich viel Freude beim Entdecken des „Karlsruher Hardtwaldes“. Als eines der letzten Stückchen Natur in der Oberrheinebene hat er viel zu erzählen.

Lassen Sie sich von dem „Zauber“ einfangen, der von ihm ausgeht und entdecken Sie seine

ERLEBNISWELT

▸ Der Karlsruher Hardtwald erstreckt sich zwischen Rastatt und Graben-Neudorf

Kultur und Geschichte

HERMANN EBELING

ZWISCHEN SAULAGER UND HASENZIPFEL

KEINE HARDTWALD-WANDERUNG FÜR STUBENHOCKER

Neben dem Wanderstiefel oder dem Turnschuh, neben dem Fahrrad oder dem Mountainbike gibt es noch eine dritte Möglichkeit, den Hardtwald zu erkunden: man bleibt – vorzüglich bei schlechtem Wetter wie heute – zuhause, setzt sich am Schreibtisch über einen Stadtplan oder eine Landkarte und geht spazieren mit den Augen und der Fingerspitze. Beginnt natürlich am Schlossturm, dem Kilometer Null der Stadt und des Hardtwalds.

▸ SCHILDERWALD

Dort wollen wir auch beginnen mit unserer imaginären Wanderung, halten uns gleich, um nicht fehlzugehen in der Vielzahl der Möglichkeiten, an einen verlässlichen Führer, den Schriftsteller und Diplomaten Wilhelm Hausenstein, der in Karlsruhe aufs Gymnasium ging und den Schlosspark für sich als Open-Air-Studierstube entdeckte. Dort entdeckt er aber auch – nach einem huldvollen Gespräch mit dem Großherzog – „die Allee an sich: das schattige Lilarosa des Rheinsands, mit dem sie zwischen genau gestochenen Rasenkanten bestreut war; der Champagnerton an Stellen, wo die Sonne ihre Strahlen querüber hereinwarf; das leuchtende Grün des Laubs, das schwärzliche der Nadelbäume.“ Nur leider verrät uns Hausenstein nicht, welche der diversen Alleen für ihn zur „Allee an sich“ wird.

Wie eine gigantische Windrose bilden diese Alleen gewissermaßen das Gerippe des Hardtwalds, von der längst zur Moltkestraße gewordenen Mühlburger Allee über die Knielinger Allee, über die in Willy-Andreas-Allee und Michiganstraße aufgeteilte Stangenacker Allee und so fort im Uhrzeigersinn alle 111,25 Grad auf der Windrose bis hinüber zur Rintheimer Allee, die jetzt den Namen des Karlsruher Nobelpreisträgers Richard Willstätter trägt. In seinen Memoiren erinnert sich Willstätter an den Wächter im Schlossgarten, der seinen Fußball zu konfiszieren suchte.

Wir aber haben inzwischen mit dem Lineal kontrolliert, ob die Alleen auch schnurgerade sind. Sie sind es! Als misstrauische Zeitgenossen aber haben wir auch den Winkelmesser zur Hand genommen: halten sich die Alleen an ihren Platz auf der Windrose? Und siehe da: die Eggensteiner Allee hält sich durchaus nicht an die Ordnung. Kein Spaziergänger, kein Jogger merkt´s – nur der Stubenhocker! Und der kann jetzt, mit den Siebenmeilenstiefeln der Phantasie, den Hardtwald ausschreiten, versehen mit einer Liste, die der Förster Wilhelm Knobloch zusammengestellt hat, und auf der in sorgfältiger Handschrift die einzelnen Distrikte und Abteilungen des Hardtwalds aufgeführt sind, vom Bannwald und Fasanengarten im Süden bis hinauf zur Gemarkungsgrenze von Graben im Norden.

Kein Baum im Hardtwald, der nicht seine „Adresse“ hat: der eine steht im Oberen Knäulstock – der andere Am Monument, der eine im Großen Saufang – der andere auf der Buckels Blöße. Das sind nur vier der mehr als 150 Flurnamen, die den Hardtwald praktisch und administrativ gesehen überschaubar machen. Freilich, die Flurnamenfor-

▸ GUSTAV ROMMELS PUBLIKATION ÜBER DEN HARDTWALD VON 1933

Doch „Jagen“ ist dann in den Wortschatz der Forstleute übergegangen und kann auch ein ganz normales Waldstück bedeuten. Es heißt also vorsichtig sein beim Deuten und Erklären. Wer etwa denkt bei der Langen Richtstatt nicht an Richtstätten, wo bis ins 19. Jahrhundert hinein öffentliche Hinrichtungen stattfanden. Aber die Richtstatt ist lediglich ein der Jagd wegen ausgehauener Platz im Wald, meistens Richtweg genannt. Auch das Pfriemenloch, oder das Pfriemenjagen, locken uns mit dem Werkzeug des Schusters auf eine falsche Fährte: Pfriemenkraut ist Ginster. „Seit alter Zeit ist es der Brauch gewesen, dass man aus Pfriemenkraut und Jaid gebunden hat den Besen“.

Wir aber, während wir vom Pfriemenjagen mit dem Zeigefinger zum Oberen Knäulstock hinüberwandern, ertappen uns dabei, dass wir im Kopf schon dabei sind (wie es scher, die es gerne „keltisch“ oder „urgermanisch“ hätten, schön altertümlich, kommen hier nicht so recht auf ihre Kosten. Die meisten Bezeichnungen, das hat schon der erste Hardtwald-Chronist Gustav Rommel 1933 bemerkt, stammen aus der neueren Zeit, vor allem aus der Epoche nach der Stadtgründung, als der Hardtwald zum fürstlichen Jagdrevier wurde.

Allein ein Dutzend „Jagen“ gibt es schon, ein Schmales und ein Dickes Jagen, ein Ochsenbrunnenjagen und ein Pfalzgrafenjagen. Ein „Jagen“ aber, so belehrt uns das Grimmsche Wörterbuch, ist „ein mit Zug eingestellter Platz in einem Wald genannt, worinnen das Wild zusammen und nach dem Lauf zugetrieben wird“. Der Lauf aber ist ein mit hohen Tüchern begrenzter Platz, „worauf der Herrschaft das Wildpret vorgejagt wird, damit es von derselben im Vorbeilaufen geschossen, gehetzt oder gefangen werden kann“.

▸ PFRIEMENKRAUT, BESSER BEKANNT ALS GINSTER

▸ Wer Glück hat, kann im „Saulager" einem Wildschwein begegnen

die Menschen nun einmal nicht lassen können), Ordnung in das natürliche Durcheinander der Welt oder doch zumindest des Hardtwalds zu bringen: gibt es noch mehr Flurnamen, die sich auf die Pflanzenwelt beziehen? Da ist natürlich der Binsenschlauch, wobei „Schlauch" einen eher versumpften (Abzugs-)Graben meint; da gibt es einen Lichten Eichenschlag oder einen Forlenacker, aber es gibt auch den Oberen und den Unteren Kartoffelschlag, und sogar den Tabakschlag. Kartoffeln und Tabak im Hardtwald? Ja, und das war nichts Außergewöhnliches; abgeholzte Flächen wurden oftmals für ein paar Jahre als Weide- oder Ackerland benutzt. Aus Frankreich vertriebene Hugenotten aber hatten Friedrichstal am Ostrand des Hardtwalds im frühen 18. Jahrhundert zu einem Zentrum des Tabakanbaus gemacht.

Nach den Pflanzen die Tiere: es gibt Vogelherd und Vogelhart, den Schneckenacker, das Schwarze Storchennest und den Schnepfenflug, es gibt Wolfsgarten und Stutenblöße. Nicht zu vergessen schließlich, ob gemästet oder gejagt, das Schwein, mit dem Saulager oder dem Großen Saufang. Und damit wollen wir´s genug sein lassen mit dem Ordnen und Aufzählen, wollen uns an Ernst Jünger erinnern, der 1940 beim Ritt durch den Hardtwald hier, zum zweiten Mal in seinem Leben und ganz zufällig, einen Schwarzspecht sah; der als passionierter Insektensammler im Wald bei Friedrichstal unter der Rindenschuppe einer Rosskastanie einen ihm (und auch uns) unbekannten Mycetophagus entdeckte. Ansonsten aber übte der Offizier Jünger mit seiner Kompanie den Krieg: auch an Exerzierplätzen fehlte es nicht im Hardtwald – die Flurnamen erinnern uns daran. Schon während des Ersten Weltkriegs hatte ein anderer Autor dort das Kriegsspielen gelernt, Ernst von Salomon, damals fast noch ein Kind, in der Kadettenanstalt. Er freilich wird keine „Allee an sich" entdecken, keine ausgezirkelte Windrose, keine funktionierende waldwirtschaftliche Ordnung. Ihm zeigt sich der Hardtwald bei einer Nachtübung noch einmal in einem märchenhaften, mythischen Urzustand: „Noch niemals war die Nacht so schwarz, der Wald so finster und voller Geheimnisse. Ja, es scheint ein ganz anderer Wald zu sein, als der, den wir alle kennen, kein Gebüsch stand mehr so recht an seinem Platz und die Bäume hatten sich beeilt, zusammenzurücken zu einer feindlichen Mauer, die Wege selbst zu verengen, und über dem Gewirk plötzlich handfest geschwollener Wurzeln noch das Gespinst zu zähen Ranken verwehrend zu spannen.“

Vom Kleinen Exerzierplatz war es nur ein Katzensprung bis zum Schlossturm. Dort, wo unsere imaginäre Wanderung begonnen hat, soll sie auch enden: die Karten zusammengefaltet, Lineal und Winkelmesser wieder in die Schublade. Draußen ist immer noch kein Wanderwetter.

REZEPT

WILDSCHWEINKEULE MIT ORANGENSCHEIBEN

ZUTATEN:

1 Wildschweinkeule	Zwiebeln
Essig	etwas Senf
Salz	½ l Rotwein
Pfefferkörner	Orangenscheiben
Möhren	Zucker
Sellerieknollen	abgeriebene
Wacholderbeeren	Orangenschale
Lorbeerblatt	Grand Marnier
Speck	

ZUBEREITUNG:

Die ausgelöste und abgebundene Wildschweinkeule wird mit Essig, Salz, Pfefferkörnern und feingeschnittenem Wurzelzeug, Wacholderbeeren und Lorbeerblatt ca. 8 Tage gebeizt, dann aus dem Sud genommen, abgetrocknet, nach Belieben mit Speck gespickt, in heißem Fett und reichlich Zwiebeln angebraten. Danach gibt man Lorbeerblatt, Orangenschale, Senf, Rotwein und die zerdrückten Wacholderbeeren über die Keule und lässt diese ca. 60–70 Minuten garen.

Die Soße wird durch ein Sieb passiert, die Keule in Scheiben geschnitten und mit der Soße übergossen. Die Orangenscheiben werden in Zuckerwasser und etwas Grand Marnier angedämpft und am Schluss um das Wildbret gelegt.

Man reicht dazu Kartoffelknödel, Preiselbeeren und Rotkraut.

Rezept von Elfie Kapral

Patricia Blum

Bemerkenswertes aus der Geschichte des Hardtwaldes

Nicht für Jedermann – Der Grossherzogliche Wildpark

Im Jahre 1715, mit der Gründung von Schloss und Stadt Karlsruhe inmitten tiefsten Waldes, wurde auch äußerlich eine Teilung des Hardtwaldes deutlich: die „Obere Hardt" war „Baden-Badisch" und die „Untere Hardt", nördlich von Karlsruhe, war „Baden-Durlachisch".

Unter dem jagdliebenden Markgrafen Karl-Wilhelm erhielt der untere Hardtwald mit einzelnen Gehegen für das Wild als Jagdgebiet eine besondere Bedeutung. Dieser Wildpark reichte damals von Karlsruhe bis Graben. Nicht dazu gehörten der Bannwald, westlich in Richtung Mühlburg und Knielingen gelegen, sowie der so genannte „Spöcker Wald". Der Grabener Gemeindewald bildete die nördlichste Grenze des unteren Hardtwalds, des Wildparks und der Markgrafschaft.

Zur Abrundung seines Waldbesitzes zeigte Karl Wilhelm zunehmendes Interesse am Grabener Wald. Dieses Gebiet bedeutete für seine Jagd eine große Bereicherung, weil im nördlichen Teil des Hardtwaldes das Wild an den Bachläufen der Heglach, des „Alten Baches" und „Forlengrabens", Wasser fand – Tränken, die im südlichen Teil des Waldes fehlten.

Bei der Gemeinde Graben scheiterte aber der Vorstoß des Markgrafen, und bis heute ist die Sage „vom Hut des Ortsschulzen von Graben" bekannt: Der „Schultheiß" von anno dazumal lief – angeblich unter Zurücklassung seines Hutes – aus dem Karlsruher Schloss und entging so den Überredungskünsten des Markgrafen und dessen Plan zur Überlassung des Gemeindewaldes. Zur Erinnerung daran stiftete die Gemeinde Graben alljährlich ihrem Bürgermeister einen Waldhut.

Im Frühjahr 1818 wurde mit Freude und Eifer die vom Großherzog genehmigte Einzäunung des Wildparks in Angriff genommen. Nach Vollendung des Zaunes zum Feldschutz vor Wild, übertrafen sich die Ortsvorsteher der Gemeinden in „Dank- und Standreden".

Nach dem Krieg von 1870/71 wuchs die Stadt Karlsruhe immer weiter nordwärts in den Hardtwald hinein. Es entstand das beliebte Viertel um die Bismarck- und Moltkestraße.

Östlich des Fasanengartens wurde die Forstbaumschule für das Polytechnikum (die Universität) angelegt. Auch das Gelände des neuen Hauptfriedhofs war 1874 ursprünglich an der Eggensteiner Allee geplant, entstand aber dann teilweise auf Hardtwaldgebiet.

▸ Der Karlsruher Marktplatz im 19. Jahrhundert

Vor 1918 durfte der Großherzogliche Wildpark nur bei besonderen Gelegenheiten von der Bevölkerung betreten werden. Ein Anlass war z. B. die Holzversteigerung im „Parkhaus", sowie die einzelnen „Lese-Holz-Tage" (von Auflesen, Aufsammeln). Auch wurde der Bevölkerung in Notzeiten bei großer Trockenheit erlaubt, im Wildpark Gras, Laub, Moos u. ä. als Streu oder zum Verfüttern einzusammeln. Der Durchlass war auch erlaubt, wenn in Durlach Schweinemarkt war. Zu diesem Anlass durfte von den westlich gelegenen Gemeinden der „Durlacher Weg" – zwischen Eggenstein und Durlach – als Verbindungslinie durch den Wildpark benutzt werden. An den Toren standen jeweils Wachen, die die Passanten kontrollierten.

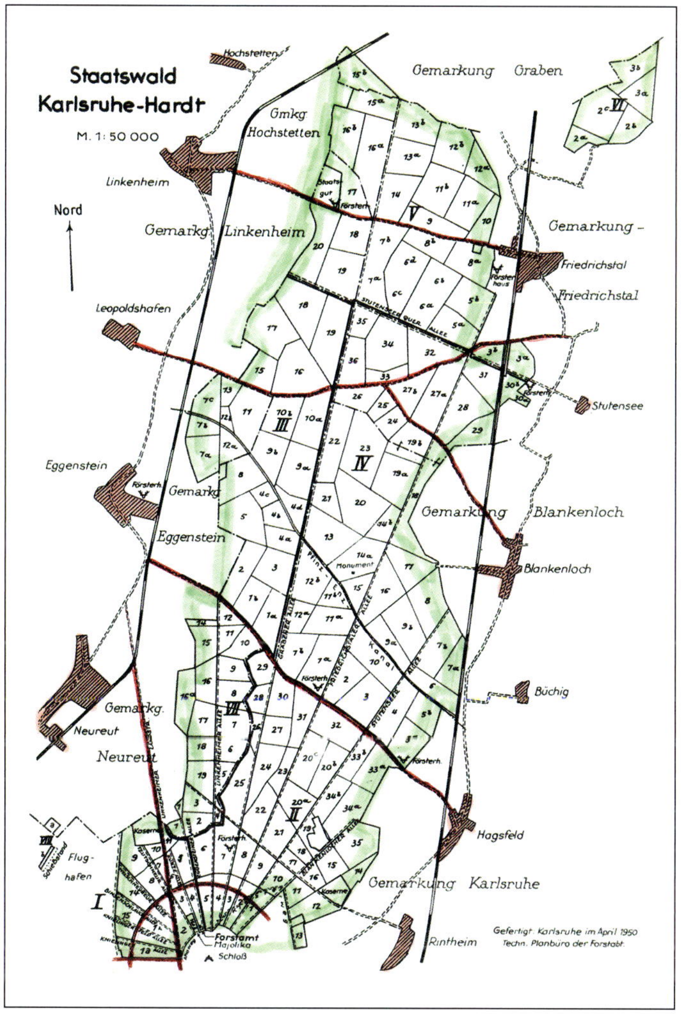

▸ SIEDLUNGSENTWICKLUNG IM BEREICH DES HARDTWALDS UM 1950

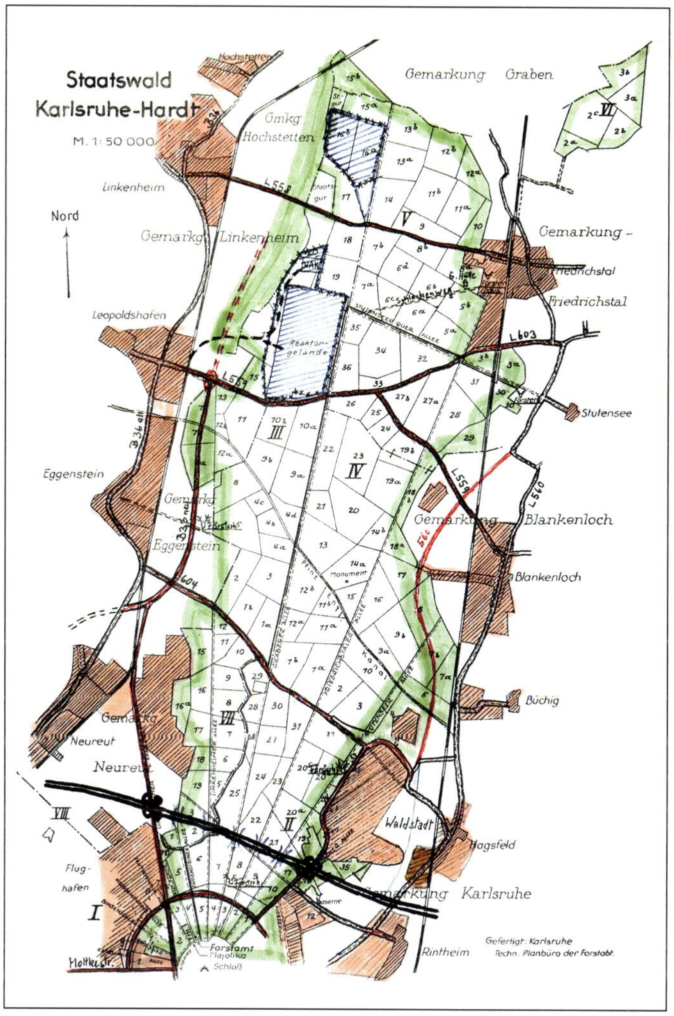

▸ SIEDLUNGSENTWICKLUNG IM BEREICH DES HARDTWALDS UM 1980

DIE SCHRANKEN SIND GEFALLEN – DER HARDTWALD NACH DER REVOLUTION 1918

Seit die Zäune des Markgrafen im Jahre 1918 fielen und der Zutritt jedem Bürger gestattet wurde, veränderte sich das Gesicht des Hardtwaldes grundlegend.

Gleich nach der Öffnung des Waldes kam es zu so genannten „Ausstockungen“. Diese Waldrodungen sollten es möglich machen, der Bevölkerung nach der Notzeit eine größere landwirtschaftliche Nutzfläche zur Verfügung zu stellen. Bei Büchig entstand durch Rodung zu dieser Zeit der „Reitschulschlag“, der heute als beliebtes Wohngebiet bekannt ist.

Jede umliegende Gemeinde bekam Flächen des Hardtwaldes zugesprochen. Im Vergleich zu anderen Ortschaften war Stutensee – und ganz besonders Friedrichstal – hierbei bevorzugt; Friedrichstal deshalb, weil die junge Gemeinde wenig Gemeindefläche vorweisen konnte.

Bis zum Zweiten Weltkrieg wurde die zusammenhängende Waldstruktur weitgehend bewahrt, doch das stetige Wachsen der Stadt Karlsruhe und der umliegenden Ortschaften bedeutete starke Gebietsverluste für den Hardtwald. Hatten sich Neureut, Eggenstein, Leopoldshafen und Linkenheim bis 1950 etwas mehr am Rand des Hoch- und Tiefgestades orientiert und weite Teile der freien Landschaft zwischen Bebauung und Wald von Erschließungsmaßnahmen verschont, so dehnten sich alle diese Gemeinden nach und nach deutlich in Richtung Hardtwald aus.

In den fünfziger Jahren wuchs die Stadt Karlsruhe durch jährlich ungefähr 5000 neue Bürger stark an – die letzten Kriegsgefangenen kehrten aus Russland zurück, und viele tausend Flüchtlinge aus dem Osten suchten eine neue Heimat.

Die Schaffung dringend notwendiger zusätzlicher Wohngebiete und die Ansiedlung neuer Industrieanlagen war in vielen Fällen nur auf Kosten des Staats- bzw. Stadtwaldgebietes möglich. Als Alternative ergaben sich auch Besitzumwandlungen. Das Gelände der heutigen Waldstadt war Staatswaldgebiet und konnte gegen den so genannten „Füllbruch" – zwischen Hagsfeld und Büchig – getauscht werden. Der Streifen zwischen Wohngebiet und Wald wurde immer schmaler, und mehrere hundert Hektar Wald gingen seit 1918 verloren.

Eine Reduzierung des Hardtwaldes ergab sich auch durch die Erweiterung der Technischen Hochschule zur „Hochschulstadt", die neu gebauten Krankenhäuser und Kasernen, die Trassierung der alten und neuen Rheintalbahn, die Entstehung der Waldstadt und der Europasiedlung, sowie die Gründung der Europaschule. Weitere Gebietsveränderungen ergaben auch der Bau der amerikanischen Siedlung an der Erzbergerstraße sowie die Vergrößerung des Flugplatzes. All dies bedeutete deutliche Einbußen für diesen rund 14 Kilometer langen Wald-Streifen zwischen Karlsruhe und Graben, der wohl die größte „Grüne Lunge" in unmittelbarer Umgebung einer deutschen Großstadt genannt werden kann.

„Attrappenstadt Karlsruhe"

Während des Zweiten Weltkrieges versuchte man bis zum Jahre 1942 – am Anfang durchaus erfolgreich – die Luftangriffe von der Stadt Karlsruhe fernzuhalten.

Zehn Kilometer nach Norden verlagert, entstand im Originalmaßstab eine „Attrappenstadt", die den Feind irreführen sollte. Schneisen, die durch ihre Richtung und Anordnung zum Beispiel der Kaiserstraße glichen, dem Bahnhof mit einzelnen Schienenanlagen, sowie bekannten Gebäuden und Fabrikanlagen, wurden in den Wald geschlagen. Mit Brettern, Dachpappe und niedrigem Mauerwerk wurden die Umrisse markiert und nachts nur spärlich beleuchtet, was sonst bei Strafe verboten war. In Leopoldshafen markierte man den alten Hafen als „Karlsruher Hafen", und man legte eine „Scheinanlage" auf den Dämmen an, die ebenfalls nachts nur schummrig beleuchtet wurde. Im Aue- bzw. Rheinwald wurden mit Flößen Schiffe nachgeahmt, auf denen große Scheiterhaufen errichtet wurden – bei einem Bombenangriff zündete man diese dann an.

Verborgene Schätze im Hardtwald

Von den fünfziger bis zu den siebziger Jahren wurden im Hardtwald bei Weingarten (Hauptvorkommen), sowie am Westrand des Hardtwaldes, bei Leopoldshafen und Linkenheim, Ölbohrungen vorgenommen. Diese „Ölquellen" nutzte man bis in die achtziger Jahre hinein. Einmal wäre es beinahe zu einer großen Katastrophe gekommen, denn aus Bohrloch „Lh12" – nur wenige hundert Meter vom Forschungszentrum entfernt – schoss eine 30 Meter hohe Erdgas-Fontäne.

Auch heute gibt es noch verborgene Schätze und ein ganzes Wirrwarr an Leitungen: Telefon-, Strom-, Gas- und Ölleitungen durchziehen den Hardtwald unterirdisch. Eine der längsten ist die Telefonkabelstrecke von Norwegen bis Italien, die entlang der Friedrichstaler Allee läuft. Auch die Ölleitung ist an eine Ringverbindung angeschlossen: von Marseilles durch Frankreich geht es unter den Rhein bis zur Karlsruher Raffinerie und von dort über Ingolstadt bis nach Italien – und in umgekehrter Richtung.

Parkhaus im Hardtwald

Das Forstgebäude „Parkhaus" war das einzige Haus im ehemaligen „Großherzoglichen Wildpark". Es wurde 1897 erbaut und stand 75 Jahre lang.

► Das alte „Parkhaus" vor dem Ersten Weltkrieg

Zu Beginn diente es als Versteigerungslokal für die Holzauktionen der Hardtgemeinden. Der Keller war Vorratslager für Wildfutter. Im Winter fuhr der „Futterbauer" von hier aus zu den zahlreichen Wildfutterstellen im Hardtwald. Da nach 1918 großer Wohnungsmangel herrschte, wurde das „Parkhaus" ausgebaut und diente nachfolgend den Revierförstern als Forsthaus. An der heutigen L604 – zwischen Eggenstein und der Waldstadt gelegen – wurde es auch durch die angeschlossene Forstschule bekannt, in der Hunderttausende von Jungpflanzen für den Hardtwald und andere badische Forstämter gezogen wurden. Diese Epoche fand ihren Abschluss mit dem unvermeidlichen Abriss des „Parkhauses" im Jahre 1972: durch die Wände wuchs das Efeu bis in die ehemaligen Dienstzimmer – das (Fach-)Holzwerk war vom Holzbock durchsetzt. An dessen Stelle entstand ein großer Parkplatz. Das einstige „Dienstgut" wird heute als große Liege- und Spielwiese mit Kinderspielplatz genutzt. Das heutige „Forsthaus" steht an der Theodor-Heuss-Allee gegenüber der Elbingerstraße am Buswendeplatz. Auch ein weiteres „Forsthaus", das heutige Lokal „Jägerhaus", hatte eine lebhafte Geschichte: Das während der Dienstjahre des Hofjägermeisters „Pfatteicher" von ihm parallel geführte Gasthaus „Jägerhaus" war oft Anlass großer Unbilden. Bei der Bewirtung von Wilderern und Holzdieben kam es häufig zu Streitfällen wegen der Abgrenzung des Amtes. Die beiden Tätigkeitsfelder „Hofjäger- meister" und Wirt waren nicht miteinander vereinbar und das „Gasthaus" wurde „ausgeklinkt".

Hintergrund

Parkhaus

1897: Errichtung unter Großherzog Friedrich von Baden

1918: Verstaatlichung des Hardtwaldes. Der Großherzog wurde enteignet und floh nach Holland

1970–1972: Bau eines neuen Forsthauses in der Waldstadt (Theodor-Heuss-Allee)

1972: Abbruch aus bau- und feuerpolizeilichen Gründen

► Staudamm am Pfinz-Entlastungs-Kanal

Pfinz-Entlastungs-Kanal

In den Jahren 1934 bis 1937 wurde – zunächst im freiwilligen Arbeitsdienst und dann als „Pflichtarbeitsdienst" – der Kanal von der „Grabener Allee" bis zum „Alten Hafen" in Leopoldshafen verlängert. War der „Pfinz-Kanal" vorher so schmal wie der heutige Hirschkanal, so entstand zu dieser Zeit das heutige Profil. Die beim Bau gewonnene Erde wurde mit Loren zum Autobahnbau des Durlacher „Kleeblattes" transportiert und dort als „Auffüllmaterial" für den Sumpf-Moor-Untergrund der Kinzig-Murg-Rinne genutzt.

Da die Erdmassen aber trotzdem nicht zur Trockenlegung ausreichten, entnahm man an der Stelle der heutigen „Ernst-Reuter-Schule" in der Waldstadt – wo sich eine höhere Sanddüne befand – fehlendes Erdmaterial. Der Boden wurde so weit abgetragen, dass sich hier noch heute eine deutlich tiefere Grundfläche im Vergleich zur Umgebung findet.

Raketen im Hardtwald

Nach dem Zweiten Weltkrieg wurde der Hardtwald an mehreren Punkten von den Amerikanern als Munitionslager genutzt. Oberirdische Hügel wurden zur Tarnung und als Splitterschutz angelegt. Sie verbargen Panzer, Raketen und Munitionsnachschub.

Dies führte zu gravierenden Differenzen mit dem Kernforschungszentrum, das sich wegen des erhöhten Gefahrenpotenzials durch die in der Nähe aufgebauten Lager gefährdet sah.

Das große Trockengebiet im ehemaligen Gemeindewald (Zehntwald) Neureuts diente als Manöver- und Bereitstellungsraum für amerikanische und französische Truppen. Einmal im Monat fanden im Hardtwald mit Panzern und Raketeneinheiten Manöverübungen statt und sorgten für tagelange Lärmbelästigungen.
Selbst aus Amerika wurden die Soldaten eingeflogen und landeten auf dem „Alten Flugplatz", von dem aus sie sofort mit Militärfahrzeugen zum Manöverplatz befördert wurden.
Durch die Schwerstfahrzeuge kam es außerdem zu großen Bodenverdichtungen, die den Wasserabfluss und das Pflanzenwachstum unmöglich machten.
Der südliche Teil an der L 604 blieb weitgehend verschont – nördlich war der Hardtwald während der Manöver von Wachen umstellt.
Einen Kilometer unterhalb der Fähre von Leopoldshafen befand sich zu dieser Zeit auch eine „Ponton-Brücke". Über diese Verbindung weitete sich das Manöver bis hinüber in den Pfälzer Wald aus, dessen Gebiet ebenfalls als Bereitstellungsraum diente. In Ettlingen befand sich bis vor wenigen Jahren noch das Brückenbauer-Bataillon.
Im November 1985 kam es zu einer besonderen Premiere im Karlsruher Hardtwald: Der Besuch des Pershing II-Raketenverbandes sorgte für viel Aufregung in der Bevölkerung. Vermutlich hätte ganz Karlsruhe von diesem heimlichen nächtlichen Besuch gar nichts erfahren, hätten nicht aufmerksame Beobachter den Raketenkonvoi auf seiner Fahrt vom Hauptquartier „Schwäbisch Gmünd" nach Karlsruhe begleitet.
Wie es bei diesen Raketen-Einsatzübungen üblich war, hatte sich der Verband im Wald eingeigelt. Bewaffnete Soldaten, die Schießerlaubnis, ja, Schießbefehl hatten, sicherten das Heerlager nach außen ab. Mehrfach näherten sich im Dunkeln Gruppen von Neugierigen, wurden aber mit Waffengewalt am Weitergehen gehindert. Leicht hätte es dabei zu schwerwiegenden Zwischenfällen kommen können.

Der Philippsche Keilschirmschlag

Auf Grund von Baumbeobachtungen entdeckte in den dreißiger Jahren der damalige Forstmeister „Philipp" einen markanten Zusammenhang: nach ihm und seiner realisierten Lösung zum Schutz von Wald-Verjüngungen wurde der „Philippsche Keilschirmschlag" benannt. Speziell auf die typische Hauptwindrichtung des Hardtwaldes ausgerichtet, pflanzte man hier die „Verjüngung" von Nordosten nach Südwesten – dem Wind entgegen – im Schutze von älteren Bäumen, damit die Hauptwinde darüber gleiten können.
Die drei bis dreieinhalb Meter breiten Schneisen durchzogen im Abstand von 80 Metern den Hardtwald. Die parallel angelegten Linien verliefen vom Kanalweg bis zum „Grabener Gemeindewald" in Südwest- nach Nordost-Richtung. Von großem Nutzen sollten diese Schneisen auch für einen schnellen Zugang zu allen Punkten im Hardtwald sein, z. B. bei Katastrophen, Notfällen oder einem Waldbrand. Noch heute kann man an einzelnen Stellen diese Planung gut erkennen, wenn man sich aufmerksam umschaut.

Rezept

Hirschgeschnetzeltes
(für 4 Personen)

Zutaten:

750 g Hirschfleisch
30 g Butterschmalz
1 TL Thymian
Salz, Pfeffer
⅛ l Rotwein
⅛ l Brühe
20 g Stärkemehl
100 ml Sahne
1 EL Zitronensaft
3 EL Pflaumenmus

Zubereitung:

Das Fleisch in Streifen schneiden und in dem erhitzten Butterschmalz scharf anbraten.
Die Gewürze zufügen, mit Wein ablöschen, die Brühe angießen und alles ca. 40 Minuten schmoren. Das Stärkemehl mit der Sahne glattrühren und die Soße damit abbinden. Noch etwa 5 Minuten köcheln lassen (damit sich der Mehlgeschmack verliert) und dann mit Zitronensaft, Pflaumenmus und evtl. etwas Gewürz abschmecken.
Mit Birnenhälften und Preiselbeeren anrichten. Die passenden Beilagen dazu wären Kartoffelknödel, Bubenspitzle, Rösti oder auch Spätzle.

Rezept von Gertraud Hamann

DIE WALDPÄDAGOGIK

Als Ergänzung zur forstlichen Öffentlichkeitsarbeit wurde 1996 die Waldpädagogik von der Forstdirektion Karlsruhe und Hardt, der Staatlichen Forstschule Karlsruhe, der Schutzgemeinschaft Deutscher Wald und der Städtischen Forstverwaltung Karlsruhe – zusammen mit Sponsoren aus der Region – ins Leben gerufen. Mit der Waldpädagogik wollte man für Kinder neue Lebens- und Erfahrungsräume eröffnen. Durch das neue „Erfahrungs-Lernen“ sollen Kreativität, Selbstständigkeit und soziales Verhalten der Schüler gefördert werden. Grundgedanke der Waldpädagogik ist auch, das Interesse an der Umwelt zu wecken und ökologische Wechselwirkungen, logische Zusammenhänge und Gesetzmäßigkeiten der Natur auf anschauliche und spielerische Weise begreifbar zu machen.

Zahlreiche Schulklassen und Kindergärten aus Karlsruhe nahmen schon an Waldbesuchen teil. Bei Erlebnisspaziergängen mit dem Förster werden Tiere und Pflanzen im Lebensraum Wald beobachtet. Dabei werden die Nutz-, Schutz- und Erholungsfunktionen lebensnah aufgezeigt. In einem zentral gelegenen „Waldklassenzimmer“, unweit vom Adenauerring und der Grabener Allee gelegen, können im Wald begonnene Untersuchungen vertieft und nachgearbeitet werden. Bei schlechter Witterung ist es auch ein beliebter Ort für Mal- oder Bastelarbeiten mit Themen der Natur.

Mehrmals im Jahr finden „Erlebnis- und Projekttage“ rund um das „Waldklassenzimmer“ statt. Themenangebote sind zum Beispiel Pflanzung von Waldbäumen, Pflege von Jungwald, Nistkastenkontrolle, Anlage und Pflege von Biotopen, sowie Projektarbeiten mit Naturrohstoffen aus Holz, Kastanien, Eicheln, Moos und anderem. Im Rahmen von Projekttagen steht im „Waldklassenzimmer“ auch eine modern eingerichtete Küche für die Zubereitung von „Waldgerichten“ zur Verfügung.

Im Außenbereich findet man neben zahlreichen Biotopen zum Beispiel auch den Stamm einer historischen Mooreiche, eine Wildbienenwand, eine Trockenmauer, einen Teich, einen Barfuß-Pfad, ein Weideniglu und eine Grillstelle mit Picknickfläche. In einem abgegrenzten Waldstück – gleich nebenan – gibt es Weiteres zu entdecken, zu bestaunen, zu sehen, zu tasten und zu fühlen. Für Kinder und Jugendliche soll das Waldklassenzimmer zu einem besonderen und persönlichem Erlebnis werden.

Ist manchem Erwachsenen die Sensibilität für die Naturschönheiten verlorengegangen, so kann für die Zukunft die Waldpädagogik dafür sorgen, dass die Jugend von heute den Blick dafür bewahren wird, indem sie sich für diese „grüne Welt“ begeistert. Was kann es für Kinder (in der Natur) Schöneres geben, als unter einem selbstgebauten Blätterdach zu spielen?

WALDKINDERGARTEN „WALD-FÜCHSE“

Auf einer eingezäunten Waldwiese, der Fuchswiese, gleich hinter dem Waldklassenzimmer, geht es munter zu: Wald-Füchse, Wald-Zwerge und Wald-Wichtel beleben den Wald auf ihre Art. Hier ist das Reich des Waldkindergartens „Wald-Füchse“, der 1999 aus einer Elterninitiative entstand und den Kindern Freiraum und eine Erlebniswelt in der Natur bietet. Es gibt kein festes Haus, nur das ehemalige Ökomobil, der heutige Fuchsbau, der den Kindern bei extremer Witterung Schutz und Wärme bietet. Ansonsten genießen und entdecken die Kinder sommers wie winters die Natur unter freiem Himmel.

▸ IM WALDKINDERGARTEN GIBT ES VIEL ZU ENTDECKEN

Ulrich Kienzler

Der Karlsruher Fasanengarten

Keimzelle unserer Stadt im Hardtwald

„Die hübscheste Sache der Welt" nannte ein Touristen-Führer der Rokoko-Zeit den Fasanengarten. Heute würde keiner der Stadtführer solche Lobesworte mehr finden. Dennoch ist der Parkwald zwischen Universitätscampus, Schlossgarten und Hardtwald eine liebens- und schützenswerte Grünanlage, deren Ursprung und Entwicklung untrennbar mit der Stadtgeschichte verbunden ist. Aber nur wenige Karlsruher und Karlsruherinnen kennen die facettenreiche Geschichte ihres Fasanengartens.

Vom Wald zum Fasanengarten und Wildpark

Im hektischen Trubel der nahen Großstadt kann sich niemand mehr vorstellen, dass sich hier noch vor 300 Jahren der unerschlossene „Haardtwald" erstreckt hat. Er war Jagdrevier von Markgraf Karl Wilhelm von Baden-Durlach, der ab 1709 von seiner Residenz in Durlach aus regierte. Und er brachte die Wende: als gebildeter und für damalige Zeiten weit gereister Regent und Barockfürst hatte er ein Faible für die Jagd und den Bau repräsentativer Residenzen nach dem Vorbild von Versailles. Zudem sperrten sich die Durlacher gegen eine Erweiterung der Stadt.

Im geliebten Jagdrevier wollte er einen zeitgemäßen Fasanengarten und Wildpark anlegen. Er hatte extra einen Abgesandten nach Lille in Frankreich geschickt, um die dortige Anlage als Vorbild zu erkunden. Der Hauptmann von Rotberg berichtete dem Markgrafen in einem Brief vom 25. November 1711 ausführlich über das dortige Jagdgehege. Zwei Jahre reifte der Plan, bevor 1714 auf der auch heute noch „Bocksblöße" genannten Waldlichtung ein hölzernes Jagdhaus gebaut wurde; der Grundstein für die Fasanerie war gelegt, kurz bevor Karl Wilhelm 1715 den Entschluss fasste, sich außerhalb Durlachs ein standesgemäßes Schloss nach eigenen Ideen und Wünschen zu errichten.

Mit Holz aus dem Wald bei Gernsbach wurde ein Zaun um den Fasanengarten gezogen; 108 Hektar umfasste er damals. Westlich des künftigen Schlossbaus entstand der Tiergarten. Die Forstämter des Landes mussten das Wild für Fasanerie und Tierpark herbeischaffen. Wie wichtig die Anlage dem Markgrafen war, zeigen Briefe, die er mit Datum vom 22. April 1715 an die Nachbar-Regenten der Pfalz, Württemberg, Baden-Baden und an das Speyerer Domkapitel schickte. Sie enthielten die Bitte, die Fasanen in den Grenzregionen zeitweise nicht zu bejagen oder ihre Nester zu plündern.

Als Markgraf Karl Wilhelm 1718 sein neues Schloss im Hardtwald bezog, waren Fasanengarten und Tiergarten schon weit entwickelt. Eine Karte von 1743 enthält die

► Durch das Hirschtor gelangt man vom Schloss- zum Fasanengarten

älteste genaue Darstellung des Fasanengartens, der bis zur heutigen Kaiserstraße, zum Durlacher Tor und weit nach Osten reichte. Das gesamte Gelände der heutigen Universität war noch Wald. Neben Fasaneriehäusern gab es Bassins für Wildenten, verschiedene Futterplätze, einen Schweinegarten mit Suhle und viele andere Einrichtungen.
Auch nach dem Tod Karl Wilhelms im Jahre 1738 wurde die Fasanerie weitergeführt. Die Aufsicht führte der „Fasanenmeister“, dessen Beruf von Generation zu Generation vererbt wurde. Um 1750 mussten 500 Fasanen und 15 Pfauen versorgt werden.

▸ Fasanen sind in Mitteleuropa eigentlich keine heimischen Vögel. Sie stammen aus Asien und wurden schon vor vielen Jahrhunderten als Jagdwild ausgesetzt

Das Fasanenschlösschen

Das 1714 an der Bocksblöße errichtete Jagdhaus war nach 40 Jahren baufällig. 1764 wurde an gleicher Stelle neu gebaut. Zunächst entstanden nach den Plänen des Schlossarchitekten Friedrich von Keßlau die beiden „Feldhühnerhäuschen à la chinoise“, auf deren Dach jeweils ein Chinese mit Sonnenschirm thront. Im chinesischen Stil zu bauen galt als modern und weltmännisch. Auch das neue, zweistöckige Fasanenhaus sollte „mit chinesischem Dach

Hintergrund

Karl Friedrich von Baden (1728–1811)

1746 trat Karl Friedrich die Nachfolge seines Großvaters Karl Wilhelm an, da sein Vater 1732 verstorben war. Nachdem er anfangs zögerte, Karlsruhe als Residenz beizubehalten, ließ er das Karlsruher Schloss aus Stein neu errichten. Seine Gemahlin Karoline Luise hatte maßgeblichen Anteil daran, dass die kleine Residenzstadt Karlsruhe einen Ruf als „Musenhof“ erlangte und zum Anziehungspunkt für Geistesgrößen jener Zeit wie Voltaire, Herder und Goethe wurde. 1771 fiel ihm die Markgrafschaft Baden-Baden per Erbvertrag zu.
1767 schaffte er die Folter ab. 1783 erließ Karl Friedrich eine Verfügung, die im ganzen deutschen Reich für Aufsehen sorgte. Er hob die Leibeigenschaft auf und gestattete seinen Untertanen die Freizügigkeit. Als Verbündeter von Napoleon konnte er die Markgrafschaft Baden zwischen 1802 und 1806 vom Main bis zum Bodensee um das Fünffache vergrößern. Am 8. Mai 1803 verkündete Karl Friedrich die Annahme der Würde des Kurfürsten seines vergrößerten Landes und am 13. April 1806 die des Großherzogs des nochmals vergrößerten Großherzogtums Baden. Karl Friedrich starb im Jahre 1811.

und figurierter Fassade" gebaut werden. Am 11. September 1765 wurde das Dach aufgeschlagen; zur Verwendung kam Holz von 30 Tannen aus dem Durlacher Rittnertwald. Das Erdgeschoss beherbergte Fasanen und das Obergeschoss die Wohnung des Fasanenmeisters. Schon bald nach dem Neubau ließ Markgraf Karl Friedrich die Fasanenstuben zu einem Gesellschaftssaal umbauen. Seit dieser Zeit wird das Haus als Fasanenschlösschen bezeichnet. Der Saal ist seit der letzten Renovierung im Jahr 1980 wieder in der ursprünglichen Ausstattung zu sehen.

Der Fasanengarten wird umgestaltet

Unter Markgraf Karl Friedrich erlebte der Fasanengarten einen Um- und Ausbau. Von 1768 bis 1773 wurde die Holzumzäunung durch eine drei Meter hohe Mauer aus roten Sandsteinen ersetzt. Diese kamen über einen Kanal aus den Steinbrüchen bei Durlach. Alle Gemeinden der unteren Hardt mussten Fronarbeiten leisten. Einen Mauerabschnitt längs der Blankenlocher Allee verzierten alle 25 Meter Steinkugeln, durchnummeriert von 1 bis 30. Lediglich zwei dieser Steinkugeln sind noch erhalten.

Nach 1778 wurden im Fasanengarten weitere Gebäude errichtet. Der Wald musste zurückweichen. Zu erwähnen ist das „Gartenmauerhaus", das von Baudirektor Müller auf die Mauer gebaut wurde. Zwei gebogene Freitreppen führten zu einem achteckigen Pavillon, den ringsum eine Terrasse umgab. Dieses anmutige Lusthäuschen wurde 1815 von Baudirektor Weinbrenner erneuert. Später verfiel es und musste 1953 dem neuen Wildparkstadion weichen.
Auch damals änderten sich die Modetrends. Der Tiergarten westlich des Schlosses wurde in einen englischen Landschaftspark mit offenen Rasenflächen und prägenden Baumgruppen umgestaltet. Hirsche, Rehe, Wildschweine und andere Tiere wurden 1784 in den Fasanengarten umgesiedelt. Ein Biberpark mit Teichen entstand; noch heute erinnert die „Biberburg" im Norden der Bocksblöße daran.

Das Gelände um die Bocksblöße verwandelte Gartenbaudirektor Schweykert nach 1780 ebenfalls in eine Parkanlage mit englischem Charakter. Viele seltene, auch ausländische Bäume und Sträucher wurden gepflanzt; man legte Wert auf Perspektiven, Farbunterschiede sowie Licht- und Schattenwechsel. Auch die noch heute vorhandene künstliche Tempelruine entstammt dieser Zeit. Bepflanzte Bogengänge umspannten das Fasanenschlösschen und die chinesischen Teepavillons. Eine Lärchenallee führte von der Mitteltür des Fasanenschlösschens aus über die Bocksblöße nach Norden bis in den Tierpark und weiter bis zum erwähnten Gartenmauerhaus. Im Nordwesten wurde in einem eingezäunten Bereich ein Obstgarten angelegt. Mitten darin entstand ein weiterer chinesischer Pavillon mit Palmendekorationen auf gelbem Grund. Dieser Pavillon ist glücklicherweise noch gut erhalten, und jeder Mitfahrer des Schlossgartenbähnchens fährt daran vorbei.

▸ Das Fasanenschlösschen beherbergt heute das Forstliche Bildungszentrum

Den Überlieferungen zufolge hielt sich Markgraf Karl Friedrich gerne im Fasanengarten auf. Er verweilte sehr häufig in dem Gartenmauerhaus, um sich zu erholen. Die Ruhe des Waldes umgab ihn dort, nicht weit weg von seiner in raschem Tempo wachsenden Residenz. Im Park stolzierten prunkvolle Fasanen und Pfauen umher; es gab lauschige Plätzchen und heimelige Laubengänge; der Markgraf lebte in einer romantischen Zeit und in einem

aufwändig gestalteten, romantischen Umfeld. Die Öffentlichkeit hatte nur kurzzeitig Zugang zum Fasanengarten. Schnell zeigte sich, dass auch damals nichts sicher war vor Vandalismus, weshalb die Tore bald wieder geschlossen wurden.

Fasanen aus markgräflicher Zucht waren beliebte Geschenke. Eine Episode erzählt die Reise zweier Tagelöhner, die 1805 auf Geheiß des Markgrafen einige Fasanen nach Malmaison am französischen Hof zu transportieren hatten. Sie waren mit dem Federvieh 39 Tage auf Reise und erhielten täglich 1–2 Gulden, weil es „in Frankreich so teuer zu leben ist". Auch der König von Preußen erhielt 58 Fasanen zum Geschenk; ein Jäger brachte sie nach Berlin. Auch umgekehrt kamen Tiere nach Karlsruhe. So zum Beispiel zwei Biber, die 1813 als Gruß vom bayerischen König ins Badische reisten.

Die schönen Seiten hatten allerdings auch Schattenseiten, und das waren die hohen Kosten. Um diese zu verringern, versuchte man mehr Einnahmen zu erwirtschaften. Die Fasanenzucht sollte gewinnbringender vermarktet werden. Eine Landwirtschaft mit Kühen und Holzeinschlägen im Park sollte mehr Geld in die Kasse bringen.

Die Geschichte vom Hirschtor

Um vom Schlossgarten in den Fasanengarten zu gelangen, durchschreitet jeder Fußgänger eine schmiedeeisernes Tor. Einige Jahre war es zur Restaurierung verschwunden, seit kurzem erstrahlt es in neuem Glanz. Nur einem Zufall ist es zu verdanken, dass wir dieses Meisterwerk im Rokoko-Stil noch bewundern können. 1759 stellte es der Hofschlosser Hugenest fertig. Es sollte als Haupteingangstor zum inneren Schlosshof zwischen den Wachhäuschen eingebaut werden. Der Gesamtplan über die Einfriedung des Schlosshofes stieß bei Karl Friedrich auf Ablehnung; das Tor wanderte in die Abstellkammer. 1805 sollte es in den Eingang zum Fasanengarten beim Zirkel eingebaut werden. Abermals regte sich massiver Widerstand. Friedrich Weinbrenner gefiel das Tor nicht, weil es ihm zu verschnörkelt war. Er schlug vor, das Tor als Schrott zu verkaufen und für den Erlös ein neues Tor nach seinem Geschmack fertigen zu lassen. Die Entscheidung Karl Friedrichs stand aber fest, und so wurde das Tor am Zirkeleingang angebracht, wo es 60 Jahre stand. Erst 1864 wurde es an seinen heutigen Platz versetzt. Vor dem Tor wurden zwei Hirsche aus Zinkguss aufgestellt, die dem Tor seinen Namen gaben.

Hintergrund

Friedrich Weinbrenner (1766–1826)

Friedrich Weinbrenner wurde 1766 als Sohn eines Hofzimmermeisters in Karlsruhe geboren. Nachdem er im väterlichen Betrieb das Zimmerhandwerk erlernte, erhielt er nach dem Schulabschluss 1776 Unterricht in der Handwerksschule des „Kunstmeisters" Christian Heinrich Fahsolt. Ab 1784 besuchte er über mehrere Jahre das Gymnasium. Es folgten Studienaufenthalte in Wien, Berlin und Rom, wobei sein Hauptinteresse der griechischen und römischen Architektur galt. 1797 wurde er zum Bauinspektor, 1801 zum Baudirektor des fürstlichen Bauamtes in Karlsruhe bestimmt. In diesem Amt ist er für zahlreiche Bauten verantwortlich, die das Gesicht Karlsruhes bis heute prägen. Dazu zählen vor allem der von ihm gestaltete Marktplatz mit dem Rathaus, der Stadtkirche und der Pyramide als Grabstätte des Stadtgründers Markgraf Karl Wilhelm. Neben Leo von Klenze und Karl Friedrich Schinkel ist er der namhafteste Vertreter des klassizistischen Baustils in Deutschland. 1826 starb Weinbrenner in Karlsruhe.

BLÜTE UND UNTERGANG DER FASANENZUCHT

In der ersten Hälfte des 19. Jahrhunderts veränderte der Fasanengarten wiederholt sein Aussehen. Baumschulen, Pflanzgärten und Weideplätze für Pferde des Hofes wurden angelegt. Vögel siedelten vom Botanischen Garten um in die Fasanerie. Der landwirtschaftliche Betrieb wurde erweitert, im Fasanengartengebiet wurden immerhin 12,6 Hektar Ackerflächen und 6,1 Hektar Wiesen zur Futtergewinnung bewirtschaftet. Insgesamt trat das Interesse an der Fasanenzucht aber in den Hintergrund.

Das änderte sich ab etwa 1850. Die Fasanerie sollte wieder aufblühen. Um dieses Ziel zu erreichen, wurde 1854 ein französischer „Faisandier“ angestellt. Unter seiner Leitung wuchs der Fasanenbestand auf über 3000 Vögel an. Neue Gebäude zum Wohnen, zur Lagerung von Futtervorräten, zur Vorbereitung des Futters und zur Aufzucht der Bruten kamen hinzu. Der landwirtschaftliche Betrieb wurde aufgelöst, die Kühe nach Schloss Stutensee verlagert. Die Karlsruher Fasanenzucht war bald wieder berühmt und hoffähig geworden. Der Großherzog verschenkte wertvolle Fasanen an den französischen Hof in Versailles und Fontainebleau. Der Fasanenmeister reiste immer wieder in seine französische Heimat und tauschte Fasanen oder kaufte neue hinzu. Sein Wirken brachte dem Hof Ansehen, aber es verschlang immense Summen. Das damalige Hofforstamt prangerte die Kosten und die mangelnde Sparsamkeit immer wieder an.

So kam es 1866 zu einem weitreichenden Beschluss: die Fasanenzucht wurde beendet, der Fasanenmeister mit einer Abfindung entlassen. Die Fasanen wurden verkauft oder geschossen, Bruthäuser abgerissen, die Rehe des Tierparks in den Wald freigelassen und viele andere Tiere kamen in den Karlsruher Stadtgarten. Eine lange Tradition war beendet. Der Fasanengarten war jetzt nur noch Waldpark.

REZEPT

FASAN NACH KURFÜRSTENART

ZUTATEN:

1 Fasan	6 EL Mandeln
2 EL Butter	Rahm
2 Eier	Speck
4-5 EL Semmelbrösel	Salz
½ Apfel	Pfeffer

ZUBEREITUNG:

1 großer, junger Fasan wird gefüllt: Butter und Eier schaumig rühren, die Semmelbrösel, den geriebenen Apfel, die Mandeln und den Rahm zu einer festen Füllung zusammenmischen und die Masse in den Fasan streichen. Den Fasan zubinden, mit Speckscheiben umwickeln, mit Salz und Pfeffer nachwürzen und im heißen Fett ca. 50–60 Minuten garbraten.

Man serviert den fertigen Fasan aufgeschnitten nach Belieben mit Reis, Mangochutney, Ingwer, Mixed-Pickels, Paprika in Essig, Essigzwetschgen und ähnlichem.

Rezept von Elfie Kapral

DER FASANENGARTEN SCHRUMPFT

Die Entwicklung zur Residenzstadt forderte einschneidende Flächenverluste durch die zunehmende Bebauung. Die Umfassungsmauer im Süden wurde mehrmals zurückverlegt. Neben dem 1779 gebauten Jagdzeughaus wurde 1803 die Dragonerkaserne errichtet. Daneben lag das fürstliche Bauverwaltungsamt, auf dessen Platz 1836 die Technische Hochschule entstand. Das Baugeschehen setzte sich schnell fort: 1843 entstand ein Reithaus mit Reitplatz, 1868 Stallungen zur Kaserne, danach 1871 die so genannte Bürgerschule und 1873 das Realgymnasium. Weitere Bauten folgten, und insbesondere das Wachstum der Technischen Hochschule ließ die Fläche des Fasanengartens immer mehr schrumpfen.

DIE ZEIT NACH DER FASANENZUCHT

Nach Aufgabe der Fasanerie wachten großherzogliche Leibjäger über den Waldpark. Ein Orkan im Jahr 1869 bescherte ihnen viel Arbeit; Bäume stürzten um und mussten beseitigt werden. Ein Opfer war auch die Allee vom

Schlösschen nach Norden zum Biberpark. Als Konsequenz wurde der Platz zwischen dem Schlösschen und den chinesischen Teehäuschen umgestaltet. Das Fasanenschlösschen mit dem ummauerten westlichen Garten diente als Prinzenschule und als Sportplatz für die großherzoglichen Kinder. Während des Deutsch-Französischen Krieges 1870/71 wurden darin zeitweise Verwundete gepflegt.

Im Fasanengarten war es ruhig geworden. Die Waldpark-Landschaft diente der fürstlichen Familie als Erholungs- und Rückzugsraum. Großherzog Friedrich I., der ab 1852 bis zu seinem Tod 1907 regierte, liebte den Parkwald. Die Verbundenheit der fürstlichen Familie mit dem Fasanengarten zeigte sich darin, dass im Osten der Lärchenallee Richtung Klosterweg in den Jahren 1889–1896 die Grablege der Fürstenfamilie in Form einer neugotischen Gruftkirche gebaut wurde. Der Park wurde zur letzten Ruhestätte der Familie.

Der letzte badische Großherzog, Friedrich II., konnte den Waldpark nur noch kurze Zeit genießen. Umwälzende politische Ereignisse führten im November 1918 zu Revolution und Ausrufung der Republik. In der Nacht vom 11. auf den 12. November 1918 führte der Fluchtweg der großherzoglichen Familie durch den Fasanengarten. Schon am 22. November 1918 musste Friedrich II. abdanken.

▸ TEEHÄUSCHEN IM CHINESISCHEN STIL

Die „neue“ Zeit

Mit einem Schlag waren Ruhe und Idylle vorbei. Von nun an ergossen sich Ströme von BesucherInnen in den Parkwald. Die Stadt wuchs immer weiter in den Fasanengarten hinein: Technische Hochschule, Hochschul-Stadion, Studentenhaus, die „Fasanengarten-Siedlung“ am Zirkeltor und viele weitere Gebäude drohten dem Park den Todesstoß zu versetzen. Die letzte Flächeninanspruchnahme datiert aus dem Jahr 1996; jenseits des Adenauerrings entstand ausgerechnet das Forschungszentrum Umwelt auf einer lange Zeit als Parkplatz missbrauchten Fläche des Fasanengartens. Von den ursprünglich 108 Hektar sind heute gerade noch 43 Hektar übrig. Im Jahr 1923 ging die Verantwortung für den Waldpark an die Forstverwaltung über. Im Fasanenschlösschen zog 1926 die erste badische Forstschule ein. Hier wurden bis 1954 alle badischen Revierförster ausgebildet. Die jagdliche und forstliche Tradition lebt in der Forstlichen Ausbildungsstätte weiter.

Besondere Aufmerksamkeit erhielt der Fasanengarten noch einmal 1967, als er in das Gelände der Bundesgartenschau einbezogen wurde. Viele Bereiche wurden erneut umgestaltet. Beispiele sind der Bereich des Hirschbrunnens, der Abenteuerspielplatz oder die Kleingartenanlage. Der gesamte Park wurde „möbliert“ mit Erholungseinrichtungen, Ausstellungshallen wurden errichtet und es entstanden kleine Freiluft-Arenen für kulturelle Veranstaltungen. Die Wege wurden asphaltiert, um den unzähligen Besuchern standzuhalten. Auch die Schlossgartenbahn dampft seit dieser Zeit quer durch den Fasanengarten. Glücklicherweise wurden die meisten baulichen Anlagen nach der Gartenschau planmäßig abgebaut. Nur die Grundinfrastruktur der Wege, Bänke, Brunnen und Spielplätze blieb bis heute erhalten.

Der Fasanengarten heute

Heute betreut das Staatliche Forstamt Karlsruhe den Parkwald Fasanengarten. Aus der Forstschule im Fasanenschlösschen ist ein Bildungszentrum der Landesforstverwaltung Baden-Württemberg mit vielfältigen Aufgaben geworden. Der Parkwald ist Eigentum des Landes und hat eine völlig andere Bedeutung als die meisten anderen Wälder in Baden-Württemberg. Täglich durchqueren Tausende von Besuchern als Spaziergänger, Jogger, Radfahrer

▸ Je ein Chinese thront auf den Teehäuschen

oder Skater den Fasanengarten auf dem Weg von der oder zur Arbeit, in der Mittagspause, zwischen Vorlesungen oder an den Wochenenden. Er ist ein beliebter Erholungsraum und eine Grünoase für die Karlsruher Bevölkerung, nur wenige Gehminuten vom Stadtzentrum entfernt. An schönen Tagen dröhnt fröhliches Kindergeschrei vom großen Abenteuerspielplatz auf die Bocksblöße, wo sich Familien tummeln, Hunde ihre Freiheit genießen oder Studenten Vermessungsübungen durchführen.

Neben der Erholung spielt der Natur- und Artenschutz eine große Rolle. Aus diesem Grund ist der Parkwald Teil des Landschaftsschutzgebietes „Hardtwald nördlich von Karlsruhe“ und seit kurzem auch FFH-Gebiet (Flora-Fauna-Habitat-Richtlinie). Besonders groß ist die Bedeutung der über 300 Jahre alten Eichen, die vielen seltenen Insekten wie dem Hirschkäfer Lebensraum bieten. Die Erhaltung dieser eindrucksvollen Baumgestalten ist wegen der Verkehrssicherungspflicht des Waldeigentümers nicht immer einfach. Im Einzelfall müssen abgestorbene Äste oder ganze Baumkronen zurückgeschnitten werden, um Gefahren zu beseitigen. Der Stamm kann dann aber immer noch von Insekten besiedelt werden. Dem Botaniker begegnen ungewöhnlich viele einheimische und fremdländische Baumarten. Dies ist das Ergebnis einer liebevollen und perfektionierten Parkgestaltung in den vergangenen Jahrzehnten und Jahrhunderten. Besonders um die Bocksblöße gesellen sich eine Vielzahl verschiedener Bäume, deren buntes Farbenspiel von Blättern und Nadeln einen Herbstspaziergang besonders reizvoll machen.

Zusammen mit dem Schlossgarten und dem nördlich angrenzenden Hardtwald ist der Fasanengarten ungeheuer wichtig für das innerstädtische Klima und den Grundwasserschutz. Die zusammenhängende Waldfläche bildet eine wichtige Frischluftschneise.

Damit der Fasanengarten auch künftig seine Naherholungseignung und seinen Liebreiz behält, greifen die Forstwirte des Forstamtes immer wieder in die Waldbestände ein. Einzelne Bäume werden entnommen, damit die anderen mehr Platz zum Wachsen haben und ihre individuelle Schönheit zur Entfaltung kommen kann. Gleichzeitig werden behutsam überalterte Bäume durch junge ersetzt. Ziel aller Maßnahmen ist die Erhaltung des parkartigen Waldcharakters und die Förderung einer möglichst großen Baumartenvielfalt. Leider hat auch der Orkan Lothar am 2. Weihnachtsfeiertag 1999 seine Spuren hinterlassen: Nördlich des Abenteuerspielplatzes sind viele Bäume dem Sturm zum Opfer gefallen, zudem haben die enormen Sturmschäden in den Wäldern um Karlsruhe dazu geführt, dass im Parkwald viele Pflegemaßnahmen für zwei Jahre unterblieben sind. Das Forstamt bemüht sich jetzt darum, den Pflegerückstand aufzuholen.

Mit der Ruhe im Fasanengarten ist es endgültig vorbei; die Beschaulichkeit ist den Aktivitäten unserer Freizeitgesellschaft gewichen. Wohlstandsmüll füllt die Abfallkörbe, verschandelt die Landschaft und bringt für die Waldarbeiter unliebsame Müllbeseitigung mit sich. Dennoch – man findet auch heute noch ein ruhiges Plätzchen zum Entspannen, zum Flirten und zum „Kraft-tanken“. Der Fasanengarten ist auch heute noch ein kleines Idyll zwischen der urbanen Hektik und dem Hardtwald.

Thomas Adam

Von Fürsten und Fohlen

Schloss Stutensee und das Hardtpferd

Graziös, mit wehender Mähne, fliegt das Pferd über die sanft gekräuselten Wellen, und fast schon kommt es in seiner Eleganz dem Pegasus nahe, wie es da leichthin die Gesetze der Schwerkraft überwindet. Die Stadt Stutensee, am Neujahrstag 1975 aus dem Zusammenschluss der vier Hardtdörfer Blankenloch, Friedrichstal, Spöck und Staffort entstanden, hat sich ein sprechendes Wappen zum Wahrzeichen gewählt, das die beiden „Namenspatrone" der neu entstandenen Kommune sinnfällig ins Bild setzt: Stute und See beziehen sich in ihrer symbolischen Kombination auf das im Zentrum der vier Gemeinden gelegene markgräfliche Schloss, dessen Pferdezucht in früheren Jahrhunderten auch über die engeren Grenzen der Region hinaus einen guten Ruf besaß.

Wochenendhäuschen der badischen Markgrafen

Dort, wo sich heute das Schloss Stutensee in der weitläufigen Heglachaue erhebt, prägte noch Anfang des 16. Jahrhunderts der dichte Hardtwald das Bild der Landschaft. Es war einer der vielen Einschnitte in den geschlossenen Baumbestand, als das wasserreiche Gelände nach 1550 gerodet wurde, um dort den Blankenlocher See als Fischweiher anzulegen.

Erstmals Mitte des 17. Jahrhunderts ist ein markgräflicher Stutenhof erwähnt, der nach und nach durch weitere Anbauten zum Gestütsbetrieb und herrschaftlichen „Wochenendhäuschen" ergänzt wurde, ehe der junge Markgraf Karl Friedrich Ende des Jahres 1748 die Planung eines neuen Lust- und Jagdschlosses im Stil des Rokoko in Auf-

▸ Beherbergt heute eine Einrichtung des Landeswohlfahrtsverbands Baden: das Schloss Stutensee

Hintergrund

Schloss Stutensee

Das Schloss Stutensee wurde 1749 von Markgraf Karl Wilhelm von Baden als Lusthaus und Jagdschloss erbaut. Der Name geht auf das 1652 gegründete markgräfliche Gestüt zurück, das unweit von Fischteichen angelegt wurde, die Markgraf Karl II. 1550 bis 1560 hatte anlegen lassen. Das Schloss liegt am geographischen Mittelpunkt der 1975 durch Gemeindefusion entstandenen Gemeinde (heute große Kreisstadt) Stutensee und gab ihr den Namen. Heute beherbergt das Schloss eine Einrichtung des Landeswohlfahrtsverbandes Baden.

trag gab. Es lag am Ende einer jener „Sonnenstrahlen", die beim Karlsruher Schloss ihren Anfang nehmen und als Hardtwaldalleen gleich langen Fingern nach Norden greifen. Stutensee wurde, vor allem nach dem Tod der Markgräfin Caroline Luise 1783, zum Lieblingsaufenthalt des Fürsten: Hier traf er zum Gedankenaustausch mit dem Schweizer Philosophen Johann Kaspar Lavater zusammen, und hier unterzeichnete er ein politisch eminent bedeutendes Dokument – das Edikt über die Aufhebung der Leibeigenschaft in Baden.

Zwar zählte das Gestüt bereits in dieser Epoche bis zu hundert Tiere, doch erlebte es seine Glanzzeit im ersten Drittel des 19. Jahrhunderts, als auch im Großherzogtum Baden die Pferdehaltung das besondere Augenmerk des Landesherrn erfuhr. Eigens für ihn wurden arabische und englische Zuchtpferde eingeführt, bot doch die weite Grasebene rings um das Schloss ideale Bedingungen als Fohlenweide. Immer wieder hat sich der Karlsruher Hofmaler Rudolf Kuntz (1797–1848) durch das Gestüt vor den Toren der Residenzstadt inspirieren lassen. Seine großformatigen Tierportraits entstanden in einer Zeit, da (Zucht-) Pferde gewissermaßen als Persönlichkeiten mit zuweilen generationenübergreifendem Stammbaum wahrgenommen wurden. Meisterhaft und mit großer Präzision setzte Kuntz seine vierbeinigen Modelle in verschiedenen Gemälden vor der Kulisse des Schlosses Stutensee in Szene.

Aber der Herbst des großherzoglichen Gestüts war zu dieser Zeit längst angebrochen. Bereits 1851 wurde es aufgelöst, es folgten vorübergehende Umnutzungen des Gebäudekomplexes zugunsten der badischen „gelben Dragoner", die in der Kaserne von Bruchsal stationiert waren, sowie als landwirtschaftlicher Lehrbetrieb. Nach Ende des Ersten Weltkrieges fiel das Schloss an den badischen Staat und diente fortan als Heim für schwer erziehbare junge Menschen. Heute trägt der Landeswohlfahrtsverband diese Einrichtung und bietet rund 120 Kindern und Jugendlichen pädagogische Betreuung.

Ein Pferd für alle Zwecke

Auch über sein Ende als Gestüt hinaus hinterließ Stutensee, zumindest noch für einige Jahrzehnte, ein Erbe in der Region. Die guten Zuchterfolge hatten eine eigene Rasse hervorgebracht, das Hardtpferd, das seiner besonderen Eigenschaften wegen geradezu „multifunktional" verwendbar war. Dank ihres schlanken Muskelbaus und einer körperlichen Ausdauer bis ins hohe Alter von annähernd 30 Jahren taugten die Tiere ebenso als Kutschenpferde wie zur Feldarbeit, und sie schleiften das Stammholz des Hardtwaldes mit derselben Selbstverständlichkeit, wie man sich mit ihnen auch beim repräsentativen Ausritt sehen lassen konnte.

Neben den Kühen spielten diese Pferde in der landwirtschaftlichen Arbeit eine bestimmende Rolle, und so diktierte der Umgang mit ihnen hier und da den bäuerlichen Tagesablauf. In Staffort gab es noch um 1900 den Brauch, die Rosse über Sommer in der Pfinz zu baden, wussten die Bauern doch sehr wohl, „wie wohlthuent und gesund es für ein Pferd ist, wenn man es Abends nach des Tages Last ins Wasser führen, und die Fliegenstiche abwaschen kann". Entsprechend groß war der Aufschrei der Stafforter Pferdebesitzer, als ihr Bürgermeister ihnen im Sommer 1901 untersagte, die Tiere an Sonn- und Feiertagen zur Schwemme zu führen. „Wenn unser Bürgermeister ein Pferdebesitzer wäre", schimpften sie, „so hätte Er dieses nicht verboten". Der Schultes freilich konnte sich mit Fug und Recht auf religiöse Konventionen berufen – und riet dem Hauptbeschwerdeführer ansonsten, er solle sei-

▸ Gemälde „Schloss Stutensee" von Rudolph Kuntz, um 1970

nen Tieren an solchen Tagen eben die Füße waschen, anstatt sie zu baden.

Insbesondere in Blankenloch wurde das Hardtpferd noch bis weit über die Mitte des 19. Jahrhunderts hinaus weitergezüchtet, wenn auch die Schließung des Stutenseer Gestüts den Niedergang der Pferdehaltung auch in den umliegenden Dörfern und überhaupt am ganzen Oberrhein vorwegnahm. Zwischen 1855 und 1893 ging der Bestand in Blankenloch von weit über 200 Tieren auf unter 100 zurück. Nicht zuletzt wirtschaftliche Gründe waren maßgeblich: Die Kurve der Bevölkerungsentwicklung wies steil nach oben, die Ernährung dieser wachsenden Zahl von Menschen musste gesichert, also der Ertragsanbau intensiviert werden. Dadurch jedoch schrumpfte das verfügbare Weideland – unverzichtbar zur Pferdezucht – zusehends zusammen. „Und wozu", schrieb der Volkswirt Moriz Hecht 1895, „sollte der Blankenlocher Pferdezüchter noch das grosse Risiko auf sich nehmen, Fohlen aufzuziehen, wenn solche in gleicher Güte oder sogar noch von besserer Rasse wie das Hardtpferd, in abgelegeneren Gegenden mit viel geringerem Kapitalaufwand als dies bei dem teuren Hardtboden und den dadurch höheren Produktionskosten möglich ist, auferzogen und Dank unserer modernen Verkehrsmittel in der schnellsten Zeit an den Bedarfsort transportiert werden können".

Heute ist das Hardtpferd ebenso verschwunden wie die meisten Relikte einer Zeit, die noch von Landwirtschaft und dörflichem Kleinbauerntum geprägt war. Es hat den Konkurrenzkampf verloren, nicht nur gegen andere Pferderassen, sondern gegen die Industrialisierung überhaupt. In den ohnehin wenigen landwirtschaftlichen Großbetrieben der Technologieregion sind längst die Traktoren an seine Stelle getreten. „Nirgends so eindringlich wie hier", äußerte schon vor rund hundert Jahren der großherzoglich-badische Bauinspektor Fritz Hirsch, als er die Stutenseer Pferdegemälde von Rudolf Kuntz betrachtete, „fühlt man den Unterschied von einst und jetzt".

Eichen, Störche und Alleen

Noch einmal zurück zum Schloss Stutensee, wo – auf den ersten Blick – der Geist des Rokoko und später der Romantik bis heute lebendig geblieben ist. Die langgestreckten Alleen rings um den ehemaligen Sommersitz der Markgrafen prägen die Landschaft, ebenso die uralten Eichen, in deren Schatten schon die Pferde auf einem der Kuntz'schen Gemälde Kühlung suchen. Tatsächlich wird ihr Alter auf mindestens 800 Jahre geschätzt, ein im ganzen deutschen Südwesten einzigartiger Bestand, dessen Umweltbedingungen sich jedoch in den zurückliegenden Jahrzehnten spürbar verschlechtert haben. Lag der Standort der Eichen früher grundwassernah und im Überschwemmungsbereich der Kinzig-Murg-Rinne, so haben Entwässerungsmaßnahmen und der Rheinausbau den Pegelstand kontinuierlich nach unten gezogen. Keineswegs nur der natürlichen Alterung der Bäume ist es daher zuzuschreiben, dass etwa seit dem Jahr 1935 ihr Sterben begann.

Nach ihrer Unterschutzstellung als Naturdenkmäler 1976 bemühten sich Baumchirurgen um die Erhaltung der altersschwachen und teilweise bereits abgestorbenen Riesen. Denn sie beherbergen nicht nur eine für ganz Mitteleuropa einmalige Käferwelt – einige Arten sind in Deutschland bislang sogar nur in Stutensee nachgewiesen –, auch Schleiereulen und Turmfalken besiedeln die Bäume, und sogar der Weißstorch fühlte sich bis in die 1950er Jahre auf ihren morschen Wipfeln wohl. Kein Wunder: Schließlich grenzen die Heglachaue und die Bruchwälder der Kinzig-Murg-Rinne als heutige Landschaftsschutzgebiete mit mehreren hundert Hektar Fläche direkt an das Schloss, und man hat diesen Landstrich aufgrund seines Amphibienreichtums schon einmal „das Revier der 30 000 Frösche" genannt. Eigentlich also ein ideales Jagdgebiet für Adebar – würden nicht die Bäume in der stark zersiedelten Oberrheinebene ringsum immer enger werden.

Obwohl ausgerechnet der für Nachwuchsfragen zuständige Weißstorch verschwunden ist, wuchs die Bevölkerung von Stutensee in den letzten dreißig Jahren von 16 000 auf rund 22 000 Menschen, also um annähernd 40 %. Aus den vier Hardtdörfern, die zusammen die ehemals größte Landgemeinde in Baden-Württemberg bildeten, ist eine Stadt geworden, freilich keine im klassischen Sinne, sondern ein Zusammenschluss von räumlich getrennten Wachstumsgemeinden. Das bedeutet Landschaftsverbrauch für Wohn- und Gewerbegebiete, derweil aus südlicher Richtung die Karlsruher Waldstadt dem kleinsten Ortsteil Büchig schon kräftig auf den Leib rückt. Längst ist auch die als „Sonnenstrahl" von der Karlsruher Residenz ausgehende Hardtwaldallee nach Stutensee durch Straßenbau und Ausdehnung der Siedlungsflächen unterbrochen.

Aber es gibt auch gegenläufige Entwicklungen, und seien sie manchmal nur symbolisch gemeint. Weil die alten Eichen beim Schloss zusehends ihrem Ende entgegengehen, hat die Stadt Stutensee gemeinsam mit dem Landesjugendheim und örtlichen Naturschützern eine Reihe von Nachpflanzungen vorgenommen, um den Bestand auf lange Sicht zu bewahren. Freilich wird manches Jahr(hundert) vergehen, ehe sich die Setzlinge auch nur im entferntesten mit den heutigen Riesen messen können. Der Blankenlocher August Nagel, einer der Initiatoren dieser Aktion, kennt selbst die Antwort gut genug, wenn er augenzwinkernd fragt: „Ob wir es wohl noch erleben, bis die jungen Bäume so groß sind wie die alten?"

▸ Die alten Eichen bieten den Störchen selten gewordene Brutmöglichkeiten

HORST SCHMIDT

ALLEEN IM HARDTWALD

Die Alleen im Hardtwald sind ein großes Geschenk an uns alle. Wie mit dem Lineal gezogen durchziehen sie den Wald und sind ein wichtiges Kennzeichen Karlsruhes und der ganzen nördlichen Hardt.

Die Hardtwaldalleen sind besondere Alleen: diese Schneisen im Wald würde keiner so bezeichnen, der sie zum ersten Mal sieht. Doch es sind Alleen, wenn wir auch auf Erklärungen der vorigen Jahrhunderte zurückgreifen müssen, und es ist amtlich, dass sie Alleen sind, denn es gibt sogar amtliche Straßenschilder, z. B. für die Linkenheimer Allee. Aber Karlsruhe hat auch viele andere Alleen; es ist eine richtige Alleenstadt.

Welch ein erhebendes Gefühl ist es doch, durch Alleen zu wandeln, zu spazieren, zu laufen oder mit dem Fahrrad zu fahren. Die Stämme der Bäume markieren einen Raum, der sich in der Ferne verliert. Die Kronen der Bäume schließen den Raum nach oben und lenken den Blick in die Tiefe. Dieser natürliche Raum regt zum Nachdenken, zum Meditieren an, wenn man seinen Gedanken freien Lauf lässt. Ein schöner Baum auf einer Lichtung ist schon ein herrlicher Blickfang zu allen Jahreszeiten. In der Allee addieren sich die Bäume, sie verlieren scheinbar ihre Individualität und ordnen sich dem Gesamtraum unter.

Das Sprichwort „Man sieht den Wald vor lauter Bäumen nicht" kehrt sich um, man sieht nicht den einzelnen Baum, sondern den Raum, der durch die Vielzahl der Bäume gebildet wird. Je länger die Allee ist, umso deutlicher

▸ DIE GROSSZÜGIGEN ALLEEN PRÄGEN AUCH HEUTE NOCH DEN HARDTWALD

wird dies, wie bei einer langen Säulenreihe, bei der die einzelnen Säulen in der Ferne zu einer Wand zusammenfließen. Aber der Baum erhält seine Individualität, kein Baum gleicht dem anderen, und wir können uns an jedem einzelnen erfreuen, wenn wir unseren wie magisch in die Ferne gelenkten Blick zur Seite wenden und jeder Baum uns mit seiner eigenen Schönheit, seiner Wachstumsgeschichte anzieht.

Die Faszination der Alleen hat schon viele Menschen und Völker längst vergangener Zeiten in ihren Bann gezogen. Ägypter, Griechen und Römer zeigen uns dies durch verschiedene Überlieferungen und Ausgrabungen. Doch die Alleen haben und hatten nicht nur diesen gestalterischen Reiz, sie wurden überwiegend aus ganz handfesten, nützlichen Gründen gepflanzt. Sie dienten der Orientierung, sie boten schon den römischen Legionären Schatten, befestigten mit ihrem Wurzelwerk in schwierigen Böden die Straße, waren Holz- und auch Obstlieferant.

Alleen waren beliebte repräsentative Gestaltungselemente in fürstlichen und königlichen Gärten, verbanden weit über die Gärten hinaus Sommerresidenzen mit dem Hauptschloss und gliederten ganze Landschaften. So ließ Ludwig XIV. nicht nur seine prächtige Schlossgartenanlage Versailles durch Alleen gestalten, er band auch die städtische Ansiedlung durch Alleen an sein Schloss und bezog ebenso die umgebende Landschaft mit den dominierenden Baumreihen mit ein. August I., Kurfürst von Sachsen, ließ im Freistaat um 1580 an allen Straßen, die nach Dresden führten, Obstbaumalleen pflanzen, wobei die Obsternte für die Bauern ein wichtiger Nebenerwerb war. Auch in die Städte zogen die Alleen ein; eine auch heute noch sehr bekannte Allee ist „Unter den Linden" in Berlin, die 1647 der Große Kurfürst Friedrich Wilhelm von seinem holländischen Hofgärtner Hanff sechsreihig mit Linden und Walnussbäumen bepflanzen ließ.

Allee ist nicht gleich Allee, die Länge spielt eine große Rolle, aber auch die Breite. Mehrreihige Alleen erscheinen viel dominanter im Landschaftsbild und auch die verwendete Baumart spielt eine große Rolle. Wurde früher die Linde in herrschaftlichen Parks und Gärten verwendet, so ließ Ludwig XIV., weil er etwas Besonderes haben wollte, die noch nicht so lange aus Kleinasien eingeführte Rosskastanie verwenden. Auch schlanke, säulenförmige Bäume waren sehr beliebt, und wer heute in der Toskana eine der dunkelgrün in den Himmel aufragenden Zypressenalleen mit einer blühenden Kirschallee vergleicht, kann die unterschiedlichen Gefühle, die sie vermitteln, leicht wahrnehmen. Die Bandbreite der Ausbildung der Alleen ist riesengroß und überrascht uns immer wieder aufs Neue. In Gärten und Parks, auf Plätzen und Promenaden finden wir eine Vielzahl von geschnittenen Alleen, die entweder scheiben-, säulen- oder dachförmig angelegt sein können. Es gibt Alleen aus alten knorrigen Eichen, schlanken Säulenpappeln bis hin zu unseren waldartigen Alleen im Hardtwald.

▸ Frühherbstlicher Spaziergang im Hardtwald

Vor der Anlage der Alleen im Hardtwald gab es im Schlossgarten Durlach bereits eine dreireihige Lindenallee parallel zur heutigen Badener Straße. Die Vorfahren der heutigen Bäume der Kastanienallee, ebenfalls im früher sehr bedeutenden Schlossgarten, bildeten eine der ersten Kastanienalleen in Süddeutschland überhaupt. Die Durlacher Allee war auf Order des Markgrafen das erste Mal mit der italienischen Säulenpappel bepflanzt worden, die erst von hier aus in Deutschland verbreitet wurde. Mit 50 000 Straßenbäumen hat Karlsruhe heute sehr viele Alleen, eine der jüngsten ist die Allee der Kriegsstraße Ost aus rund 400 Linden.

Zunächst denkt man bei dem Wort Alleen natürlich an zwei oder mehr parallel verlaufende Baumreihen an Straßen und Wegen, wie sie auch der „Brockhaus" aus dem Jahre 1928 definiert. Die ursprüngliche Bedeutung des Wortes war aber weiter gefasst. Unter Allee wurde bei den Gartentheoretikern im 18. Jahrhundert allgemein ein von

Hintergrund

Allee

Allee [frz., 17. Jahrh.], von Bäumen eingefasste Straße; in Parkanlagen zur Raumgliederung, auf dem Lande zur Wegführung und Obstnutzung, in Städten zur Luftverbesserung und zur Belebung des Straßenbilds. Die Baumreihen säumen entweder die beiderseitigen Bürgersteige oder einen in der Straßenmitte sich hinziehenden Grünstreifen, der bei großer Straßenbreite häufig noch durch einen Promenadenweg geteilt wird.
Aus: Der Große Brockhaus, 1928.

Bewuchs eingefasster Weg bezeichnet, und so sind die aus dem Hochwald geschlagenen Schneisen unseres Hardtwaldes ebenfalls als Alleen bezeichnet worden, obwohl die strikte lineare Linie der Baumstämme aus einer Art nicht vorhanden war. So wird auch im 8. Bericht zu Forschung und Praxis der Denkmalpflege in Deutschland mit dem Titel „Alleen", Karlsruhe als Beispiel für einen Alleenstern gemeinsam mit dem Berliner Tiergarten und Clemenswerth genannt.

Am 28. Januar 1715, dem 36. Geburtstag von Markgraf Karl Wilhelm, war es dann endlich so weit. Eine Lichtung wurde in den Hardtwald geschlagen und von dort aus 32 sternenförmige Wege ausgefluchtet und weit in den Hardtwald hinein als Schneisen gefällt. Anders als bei dem großartigen, von dem berühmten französischen Gartenarchitekten Le Notre geplanten Alleenkomplex in Versailles, war der sonnenähnliche Wegestern von Markgraf Karl Wilhelm zuerst nicht als Schloss- und Gartenanlage gedacht worden, sondern als Erschließungsanlage für das Jagdgebiet Hardtwald. Diese Jagdsterne aus Alleen hatten schon eine lange Tradition. So gut mir die Geschichte auch gefällt, dass der Markgraf unter einem Baum im Hardtwald eingeschlafen sei und ihm im Traum seine neue Schlossanlage mit den sonnenstrahlenähnlichen Wegen als Vision erschienen ist, desto wahrscheinlicher ist es doch, dass der Markgraf nach den ihm gut bekannten Jagdsternen seine Anlage im Hardtwald plante.

Die Jagd spielte eine große Rolle im höfischen Leben. Das klare Wegesystem des Jagdsternes erleichterte die Jagd und war durch den gedachten Mittelpunkt des Jagdschlösschens eine optimale Orientierungshilfe. Durch den jagdliebenden Markgrafen Karl Wilhelm erhielt der Hardtwald eine besondere Bedeutung für die Jagd. Er wurde zu einem regelrechten Jagdgebiet, zu einem Wildpark angelegt. In ihm wurde nicht nur gejagt, es gab auch Wildgehege, in denen große Wildbestände für die Jagd, aber auch zum Verkauf an andere Fürstenhöfe gehalten wurden.

Es ist heute sicher, dass Markgraf Karl Wilhelm zuerst nur an die Anlage eines Jagdschlosses mit Jagd- und Tiergarten dachte. Ähnliche Anlagen gab es zu dieser Zeit in der Nähe, zum Beispiel in Ludwigsburg. Doch schon bald entschloss er sich, hier seine Sommerresidenz zu bauen, die dann zur

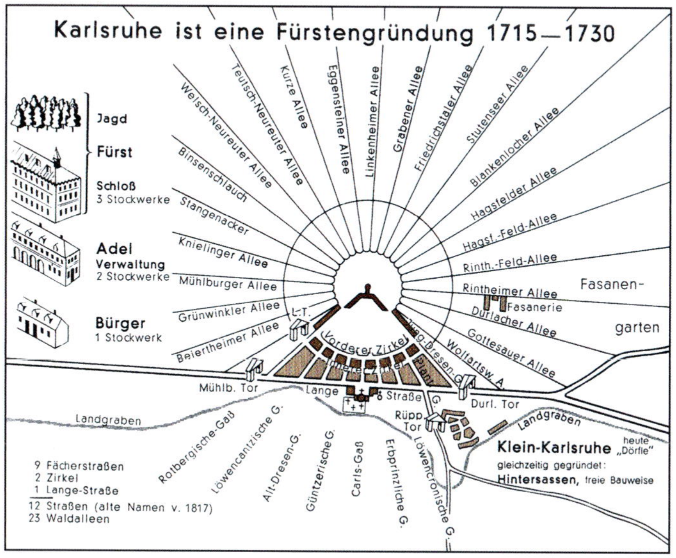

► DIE KARLSRUHER ALLEEN ZUR ZEIT DER STADTGRÜNDUNG

ganzjährigen Residenz mit seinen geliebten Gärten wurde. Für diese Weiterentwicklung war sicher ausschlaggebend, dass er neben Versailles in Frankreich und Hampton Court Palace in England auch viele weitere Schlossanlagen von seinen Studienreisen kannte. Die große Anzahl der Alleen, der „Sonnenstrahlen", ergab sich durch die Anbindung der verschiedenen Orte im Umkreis, die den einzelnen Strahlen auch ihre Namen gaben. Die 32 Wegeachsen wurden symmetrisch angelegt und in den Schnittpunkt erst der Turm, dann das Schloss und dann erst die Zirkelhäuschen des Tiergartens gebaut, wie sie gut auf dem Stich des Hofgärtners Christian Thran aus dem Jahr 1739 zu erkennen sind.

Die Lichtung für den Turm wurde nördlich der Landstraße von Mühlburg nach Durlach, in großen Teilen heute Fußgängerzone der Kaiserstraße, westlich des ersten fürstlichen Jagdhauses, das 1714 auf der Lichtung der „Bocksblöße" erstellt worden war, angelegt. Die Ost-West-Achse des Wegesystems führt genau an diesem ersten Jagdhaus vorbei. Karl Friedrich hatte die ruhigeren Zeiten nach dem Frieden von Rastatt abgewartet, um seine Pläne zu verwirklichen. Mit der fortschreitenden Idee, nicht nur ein Jagdgebiet zu erschließen, sondern auch eine Residenz mit einer städtischen Ansiedlung zu entwickeln, musste der Markgraf immer mehr von seinem Wunsch Abstand nehmen, einen Ort der Ruhe für sich zu schaffen – was er wohl nur mit Wehmut tat, wie die 1728 am Schloss angebrachte Inschrift verrät: „Ein Liebhaber der Ruhe wollte hier in der Stille die Zeit vertreiben, in der Betrachtung der Kreatur, die Eitelkeit verachtend, den Schöpfer recht ehrend. Allein das Volk kam auch herbei, baute, was du hier siehest…"

Die südlichen neun Radialen wurden zum Baubereich, aus den Waldschneisen wurden dort baumlose Straßen. Doch das Schloss als baulicher Abschluss nach Norden hat uns die Alleen „hinter" dem Schloss und den Hardtwald bis heute erhalten. Eine große Besonderheit für eine Stadt, dass so dicht an ihrem Zentrum der Wald für die Naherholung zur Verfügung steht.

Doch die „gute alte Zeit" der Stadtgründung ist lange vorbei. Der Wildpark des Stadtgründers lebt nur noch im Namen des KSC-Stadions weiter und ruft uns zum Nachdenken auf, wenn zu einem Spiel dort unzählige Autos den Adenauerring überfluten. Viele Sporteinrichtungen haben ihren Platz im Hardtwald gefunden, und die Alleen dienen zum Teil als Zufahrt. Die Stadt hat sich mit ihren Häusern und Hallen bis fast zur Ost-West-Achse ausgedehnt. Nicht der einsame Jägersmann läuft heute behutsam nach allen Seiten spähend durch die Alleen, viele Erholungssuchende spazierend, joggend, fahrradfahrend, allein, zu zweit, in Gruppen, suchen nun hier ihre Erholung.

▸ Die Grossherzogliche Grabkapelle wurde 1896 eingeweiht

Veränderungen hat es immer wieder gegeben. So wurde aus der Büchiger Allee nach dem Bau der fürstlichen Grabkapelle vom Schloss aus eine richtige Allee, die Lärchenallee. Lärchenbäume wurden auf beiden Seiten des Weges in gleichen Abständen gepflanzt, einige der großen alten Baumrecken kann man heute zwischen den nachgepflanzten jungen Bäumchen noch bewundern. Das Forstamt will die Alleenstruktur der Schneisen in Zukunft wieder stärker herausarbeiten.

Eine große, entscheidende Veränderung trat ab 1780 ein, als der Gartenbauinspektor Schweykart den Schlossgarten hinter dem Schloss, dem Geschmack der Zeit folgend, im englischen Gartenstil umwandelte. Dem Zirkelweg folgend wurde der Aha-Graben mit der Mauer angelegt, und die neuen Wege schwangen sich windend, losgelöst von der starren Form des Strahlenmusters in den mit vielen exotischen Gehölzen neu geschaffenen Park. Zur Bundesgartenschau 1967 wurde dieses Prinzip wieder verstärkt, und so tritt man nun, wenn man die Nord-Süd-Allee vom Adenauerring herunterspaziert und durch das Tor am Aha-Graben hindurchschreitet, in eine neue Welt, den heutigen Schlossgarten. Nur eine Änderung der letzten Jahre, der blaue Strahl der Majolika, durchkreuzt den englischen Garten und zeigt überdeutlich den Verlauf der alten „kurzen" Allee. Diese „Störung" im System hat schon viele Spaziergänger motiviert, sich auf dem blauen Band dem Schlossturm zu nähern.

Wie oft ist der Markgraf Karl Wilhelm wohl auf seinen Schlossturm gestiegen und hat voller Stolz die Entwicklung seiner Stadt von dort oben betrachtet. Seine Nachfolger werden es auch oft getan haben, es ist schon ein erhabenes Gefühl, dort oben zu stehen und die Ebene zwischen Schwarzwald im Osten und Pfälzer Hardthöhen im Westen zu überblicken und die Stadt vor sich ausgebreitet zu sehen. Gönnen auch Sie sich das Vergnügen und vor allem zeigen Sie es Ihren Besuchern und erzählen ihnen dann von den Alleen, die Sie von hier oben weit bis in die Ferne verfolgen können, oder gehen Sie so oft Sie können auf diesen Alleen, suchen Sie die Ruhe und Ausgeglichenheit, die sich der Markgraf Karl Wilhelm schon dort erhofft hat, und lassen Sie sich von dem Zauber dieses Ortes gefangen nehmen, lassen Sie Ihren Gedanken freien Lauf…

NATUR

ELSA NICKEL & ANDREAS WOLF

AUFGESPÜRT: GESCHÜTZTE NATUR DER KARLSRUHER HARDT

Das Herz pocht im Hals, und Schweiß tropft von der Stirn, während nur einen Sprung entfernt eine Amsel ihre Füße in den Boden stemmt und mit dem Schnabel einen Wurm herauszieht. Hier ist man der Natur ganz nahe und nimmt doch so wenig Notiz von ihr. Der Hardtwald ist ein beliebtes Naherholungsgebiet, schattig und ruhig, mit guten Wegen und sauberer Luft. Tag für Tag joggen, skaten, radeln und spazieren die Menschen aus den umliegenden Siedlungen durch den Wald. Kinder tollen auf den Spielplätzen, Jung und Alt plaudert auf den Parkbänken. Währenddessen sprießen unbemerkt Pilze, Moose und Farne; Kräuter entfalten ihre Blüten; Bienen, Käfer und Vögel schwirren, krabbeln und flattern umher: der Hardtwald ist auch ein Naturparadies, das sich zu erkunden lohnt.

EIN BEMERKENSWERTER NATURRAUM: DIE KARLSRUHER HARDT

Platt, trocken und staubig, mit dürrem Wald und sandigen Äckern: die Landschaft im und um den Karlsruher Hardtwald wirkt karg und ruhig. Kaum zu glauben, dass hier immer wieder die Erde bebte, Wasserfluten alles überschwemmten und Sandstürme tobten. Zugegeben, das ist lange her, aber wir sehen noch heute die Spuren dieser Naturereignisse. Zum Beispiel den Rheingraben, vom Kraichgau bis zum Pfälzer Wald etwa 40 Kilometer breit. Er brach ab dem frühen Tertiär vor rund 50 Millionen Jahren ein. Nicht auf einen Rutsch, mit mächtigem Getöse, sondern in vielen kleinen Schüben, über Jahrmillionen hinweg (s. Böttger S. 83). Der Rhein selbst bahnte sich erst vor 650 000 Jahren einen Weg durch den Graben nach Norden. Zuvor floss er durch die Burgundische Pforte zur Rhône. In den Folgejahren wechselte der Fluss ständig sein Bett und lagerte viel Geröll und Kies aus den Nordalpen in dem breiten Graben ab. Am Ende der Eiszeit zog er sich allerdings in die heutige Niederung zurück. Die Westgrenze der nacheiszeitlichen Aue ist noch heute an dem fünf bis sechs Meter hohen Hochgestade zu erkennen: zahlreiche bogenförmige Böschungen reihen sich hier aneinander – Prallufer der alten Rheinschlingen. Die Schotterebene oberhalb der Rheinniederung (Niederterrasse) fiel nach Rückzug des Rheinstroms trocken. Nur langsam entwickelte sich dort eine lückige Steppen- und Tundrenvegetation. Kräftige Westwinde konnten derweil ungehindert den Sand und Staub zwischen dem Geröll wegblasen. Die schwereren Sandkörner wurden noch auf der Niederterrasse zu Flugsandfeldern und Dünen aufgeweht, die leichteren Sandkörner und den Staub verfrachtete der Wind bis weit in den Kraichgau hinein, wo sie meterhohe Lössdecken bildeten.

Heute, nach Eindeichung des Rheins, gliedert sich die Landschaft vom Fluss bis zum Kraichgau wie folgt: zwischen den Hochwasserdämmen fließt der Rhein mit schmaler Aue (Überflutungsbereich). Bis zum Hochgestade folgt die Rheinniederung mit den Altrheinarmen. Daran schließt die trockene Terrassenfläche der Karlsruher Hardt an, mit einigen Flugsandfeldern und flachen Dünen. Auf ihr steht der Karlsruher Hardtwald. Vor dem Anstieg zum Kraichgau liegt schließlich noch eine Senke, die

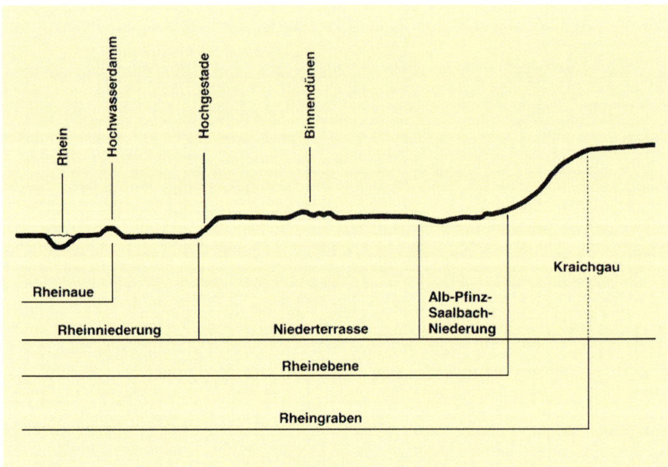

▸ SCHEMATISCHER QUERSCHNITT DURCH DIE ÖSTLICHE RHEINEBENE IM NORDEN VON KARLSRUHE

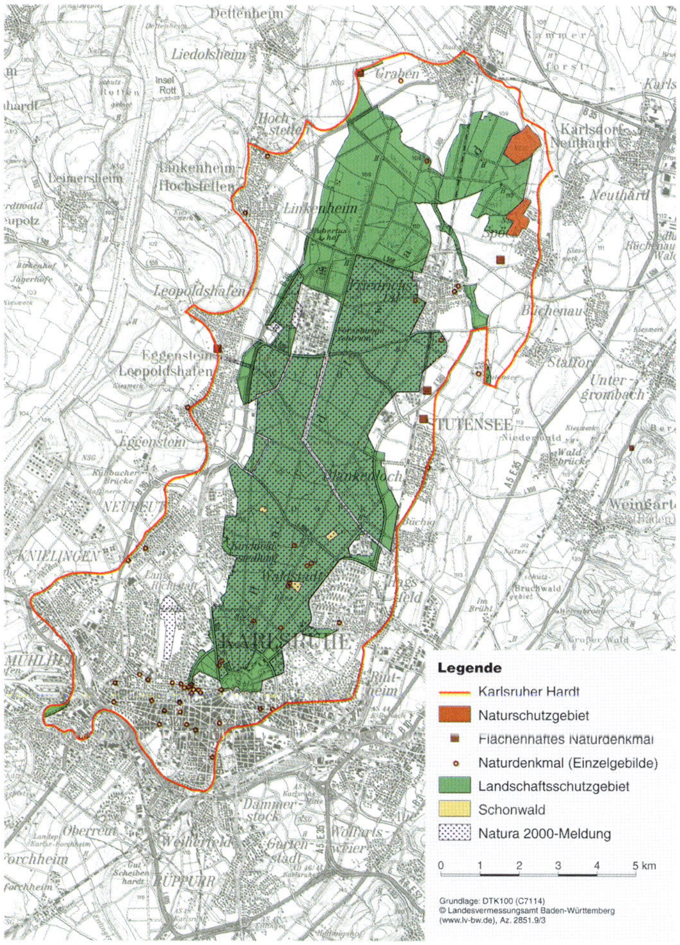

► ABGRENZUNG DER KARLSRUHER HARDT, VERBREITUNG DER BINNENDÜNEN

Alb-Pfinz-Saalbach-Niederung. Im Norden und Süden wird die Karlsruher Hardt von den Talauen der Pfinz und der Alb begrenzt.

Die sandigen Böden und der kiesige Untergrund der Karlsruher Hardt sind durchlässig und nährstoffarm. Der Regen versickert sofort, und der Grundwasserspiegel liegt stellenweise bis zu elf Meter unter der Oberfläche. Eine unfruchtbare Gegend, wenig geeignet für Wiesen und Weiden. Deshalb überwiegt hier Wald. Nur an den Hardträndern werden kleinflächig Getreide, Tabak und Spargel angebaut. Doch auch die Wälder sind recht karg. Für die Land- und Forstwirtschaft ist die Karlsruher Hardt also recht unwirtlich, für den Landschafts- und Naturschutz hingegen ist dieses Gebiet von herausragender Bedeutung. Die Flugsandfelder und Dünen sind zusammen mit denen der Hockenheimer Hardt (oft auch als Schwetzinger Hardt bezeichnet) einzigartig in Baden-Württemberg: kostbare Zeugen der Erdgeschichte und wertvolle Lebensräume für eine ganz eigene Pflanzen- und Tierwelt, die es anderswo im Lande nicht mehr gibt. Die Sandäcker sind klein und oft wenig gedüngt und gespritzt: entsprechend bunt und vielfältig ist die Wildkrautflora an ihren Rändern. Fallen sie brach, entstehen Sand- und Magerrasen; ebenso auf den Rohböden der Sand- und Kiesgruben. Hier kommt in den Seen und an den Ufern eine ganz andere Pflanzen- und Tierwelt hinzu: Wasser- und Sumpfpflanzen, Enten und Frösche. Welch ein Kontrast zu den trocken-heißen Sandfeldern. Und dann ist da natürlich noch der Wald. Bunte Säume und große, alte Eichen machen ihn besonders wertvoll für seltene Wildbienen, Käfer und Vögel. Die Pflanzen- und Tierwelt der Karlsruher Hardt wurde in den vergangenen Jahren intensiv untersucht. Lange Artenlisten gleichen einer „Hitparade“ des Artenschutzes: Kleiner Schneckenklee, Silbergras, Ameisengrille, Gefleckte Keulenschrecke, Großer Eichenbock, Marienprachtkäfer, Gemeine Filzbiene, Dunkelfransige Hosenbiene, Wolfsmilchschwärmer, Heidelerche, Ziegenmelker und Bechstein-Fledermaus, um nur einige zu nennen.

► DIE DUNKELFRANSIGE HOSENBIENE NISTET IN SELBSTGEGRABENEN HÖHLEN IM SANDBODEN DER WALDLICHTUNGEN UND BLÜTENREICHEN WALDRÄNDER

Von allem etwas: Natur- und Landschaftsschutz in der Karlsruher Hardt

Naturschutzgebiet, Naturdenkmal, Landschaftsschutzgebiet oder gar europäisches Natura 2000-Gebiet: in der Karlsruher Hardt gibt es von allem etwas. Das ist ein Beleg für den besonderen Stellenwert ihrer Lebensräume, Pflanzen und Tiere und eine Auszeichnung für die Vielfalt, Eigenart und Schönheit dieser Landschaft. Naturschutzgebiete (NSG) sind größer als fünf Hektar. Kleinere Areale werden als flächenhafte Naturdenkmale (FND), einzelne Naturgebilde als Naturdenkmale (ND) ausgewiesen. Schutzwürdige Naturgebilde in der Karlsruher Hardt sind zum Beispiel seltene, historisch bedeutende oder wertvolle Bäume und Baumgruppen. Naturdenkmale und Naturschutzgebiete sind streng geschützt. Sie dürfen nicht verändert oder zerstört werden, weil sie landeskundlich, wissenschaftlich oder kulturell interessant sind, weil in ihnen bedrohte Pflanzen und Tiere leben oder weil sie einfach nur besonders schön sind. In Landschaftsschutzgebieten steht nicht der Artenschutz im Vordergrund, sondern das Landschaftsbild, der Erholungswert und die Leistungsfähigkeit des Naturhaushaltes. Sie versorgen uns zum Beispiel mit Frischluft und Grundwasser und sind meist gut für die Naherholung erschlossen. Man erkennt all diese Schutzgebiete an dem grün-weißen Schild mit dem Seeadler. Sind die Pflanzen, Tiere und Lebensräume von europaweiter Bedeutung und wichtig für die biologische Vielfalt in Europa, so werden sie in das europaweite Schutzgebietssystem Natura 2000 aufgenommen. Der Karlsruher Hardtwald hat europäischen Schutzrang, unter anderem wegen seiner Eichen- und Eichen-Hainbuchen-Wälder und weil dort Bechstein-Fledermäuse und Ziegenmelker leben. Die Forst- verwaltung weist in den Wäldern des Landes eigene Schutzgebiete aus, um bestimmte Waldgesellschaften zu erhalten, zu erneuern oder sich ungestört entwickeln zu lassen. Im Karlsruher Hardtwald gibt es zum Beispiel Schonwaldbezirke, in denen die Alteichen erhalten werden. In all diesen Schutzgebieten, aber auch außerhalb, kommen zahlreiche Biotope vor, die nach dem Naturschutz- und Landeswaldgesetz besonders geschützt sind. Sie wurden bei landesweiten Kartierungen im Gelände erfasst, abgegrenzt und auf Karten festgehalten: eine wichtige Grundlage für weitere Schutzgebietsplanungen.

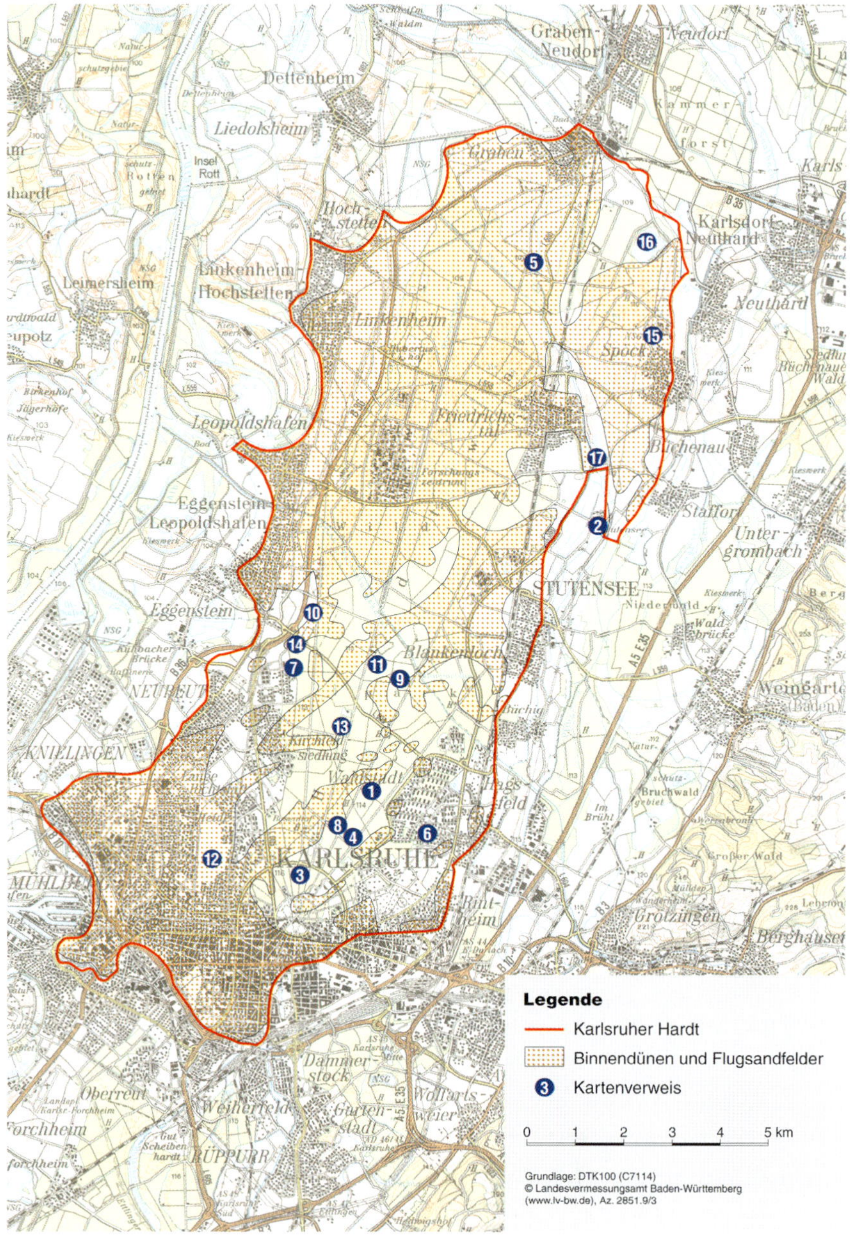

▸ Schutzgebiete in der Karlsruher Hardt

DER NATUR AUF DER SPUR

GROSS IM KOMMEN: DER BUCHEN-EICHEN-WALD

Wuchtige Buchen und knorrige Eichen stehen neben kleineren Stämmen und Heistern; dazwischen Strünke, gebrochene Äste und umgestürzte Schäfte; am Boden zarte Keimpflänzchen, Kräuter und Gräser; auf dem morschen Holz Moose, Farne und Pilze – so sähe fast der gesamte Karlsruher Hardtwald aus ohne den Einfluss des Menschen. Botaniker vermuten, dass der Buchen-Eichen-Wald die Waldgesellschaft wäre, die sich auf den trockenen, nährstoff- und kalkarmen Sandböden unter dem heutigen Klima von Natur aus entwickeln würde. Entlang der Bäche wüchse Erlen-Eschen-Wald und auf lehmigen Auenböden Eichen-Hainbuchen-Wald.

Das ist aber rein hypothetisch – zu lange schon wird der Karlsruher Hardtwald vom Menschen genutzt und immer wieder verändert. Im Mittelalter wurden viele Eichen gepflanzt, später vor allem Kiefern und auch gebietsfremde Roteichen, Douglasien und Fichten. Seit einigen Jahrzehnten setzen die Förster allerdings wieder vermehrt Stiel- und Trauben-Eichen und fördern den natürlichen Buchenjungwuchs unter den Kiefern: der Buchen Eichen Wald ist im Kommen!

Der Karlsruher Hardtwald ist also alles andere als urwüchsig – es gibt aber kleine Inseln, die unserer Vorstellung vom natürlichen Wald sehr nahe kommen. Sie sind heute besonders geschützt und teilweise zum Schonwald erklärt. Ein schönes Beispiel ist der Wald im Gewann Neuenacker gleich neben dem „Karlsruher Mundwerk" (1). Hier stehen einige der ältesten Eichen des Hardtwaldes. Der eine oder andere Baum soll schon an die 300 Jahre zählen. Daneben wachsen junge Eichen und Hainbuchen. Ein paar alte Kiefern ragen aus dem Laubdach heraus, am Rand und auf kleinen Lichtungen haben Besenginster, Brombeere und Himbeere ausgeschlagen. Am Boden blühen im Frühjahr Hain-Veilchen. Später breiten die Behaarte Hainsimse und die Draht-Schmiele ihre Rispen aus, und der Salbei-Gamander blüht weiß auf. Weiter nördlich wird die Buche zahlreicher, und Winter-Linden kommen hinzu. Der Wald hier ist jünger, aber dem natürlichen Buchen-Eichen-Wald sehr ähnlich. Unter dem lichten Kronendach entwickeln sich Honiggrasrasen, auch Hain-Rispengras und Pillen- Segge kommen vor.

▸ DER ROSENKÄFER ENTWICKELT SICH IM MULM ALTER LAUBBÄUME

Die morschen Baumstämme im Neuenacker sind löchrig wie ein Schweizer Käse: Bunt-, Mittel- und Schwarzspecht haben hier ihre Bruthöhlen gezimmert. Bereits Ende Februar ist ihr Geklopfe zu hören. Im Mai entdeckt man vielleicht einen Hirschkäfer, wie er auf einem harzigen Eichenstamm am Baumsaft leckt. Am Waldrand können jetzt auch der Große Goldkäfer oder der Rosenkäfer auf Doldenblüten beim Pollenfraß beobachtet werden. Alle drei Käfer sind typische Bewohner der warmen Buchen-Eichen-Wälder und können sich nur im Mulm absterbender Bäume entwickeln. Beim Rosen- und Goldkäfer dauert dies zwei bis drei Jahre, beim Hirschkäfer fünf Jahre und länger. Wer im Hochsommer spät abends am „Karlsruher Mundwerk" vorbeikommt, sollte einmal verharren und gegen den Himmel schauen: Sicherlich flattert früher oder später ein Nachtfalter vorbei. Eine Besonderheit ist der Linden-Sichelflügler, dessen Raupen trotz des deutschen Namens nicht nur Linden-, sondern auch Eichenblätter fressen.

VOLLER LEBEN: ALTE BÄUME UND TOTES HOLZ

Totes Holz ist kostbar – nicht im monetären, aber im ökologischen Sinne. Die ausgehöhlten Stämme, brüchigen Äste und morschen Stümpfe sind voller Leben: Spinnen verkriechen sich darin zur Winterruhe; Käfer bauen ihre Puppenwiegen; Bienen, Ameisen, Wespen und Vögel richten ihre Nester ein; Fledermäuse übernachten oder überwintern darin. Außerdem wachsen viele Flechten, Pilze, Moose und Farne auf dem morschen und vermodernden Holz. In Deutschland sind mehr als 1500 höhere Pilzarten und 1300 Käferarten bekannt, die nur auf oder in totem Holz leben. Und da dieses in unseren Wäldern lange Zeit rar war, sind die meisten von ihnen stark gefährdet. Das alte und vermodernde Holz hat aber noch weitere Vorzüge: Ist es erst einmal von Pilzen und Bakterien zersetzt, liefert es Nährstoffe und Humus für junge Bäume und puffert den Waldboden gegen Versauerung ab. Dennoch, der Mensch schätzt nur das vitale Holz; er findet einen sauberen, aufgeräumten Wald schöner als urwüchsige Wildnis, und er mag keine zersetzenden Kräfte – Bilder, die wohl stark vom Nützlichkeitsdenken geprägt sind. Dabei zeigen Untersuchungen in naturnah bewirtschafteten Wäldern, dass diese stabiler sind als intensiv bewirtschaftete Forste, weniger gepflegt werden müssen und durchaus profitabel sein können.

▸ PILZE AUF VERMODERNDEM BUCHENHOLZ

Wer wachen Auges durch den Karlsruher Hardtwald geht, sieht, dass es hier noch einige alte Bäume und reichlich totes Holz gibt, vor allem im stadtnahen Wald. Diese Bereiche sind als Waldbiotope besonders geschützt und zum Teil auch als Schonwald ausgewiesen. Bei Untersuchungen der Insektenfauna wurden allein dort 112 gefährdete Käferarten festgestellt. Das „Paradetier" des Karlsruher Hardtwaldes ist der Große Eichenbock: ein Riese unter den einheimischen Käfern. Er wird bis zu fünf Zentimeter lang und trägt lange, feingliedrige Fühler. Leider bekommt man ihn nur selten zu Gesicht. Der Käfer ist dämmerungs- und nachtaktiv und hält sich überwiegend im oberen Stammbereich und Geäst seiner Brutbäume auf: alte, aber noch lebende Ei-

▸ DER GROSSE EICHENBOCK IST EINE DER RARITÄTEN DES KARLSRUHER HARDTWALDES. SEINE LARVEN LEBEN IN ALTEN EICHEN. BRICHT DIE BORKE AUS, WERDEN DIE LARVENGÄNGE SICHTBAR

chen, bevorzugt an Waldrändern und in Parklandschaften, wo es sonnig und warm ist. Der Große Eichenbock verrät aber sein Dasein indirekt durch Larvengänge, die zutage treten, wenn an den alten Stämmen die Borke ausbricht. Er ist vom Aussterben bedroht und schon lange kein ernstzunehmender Baumschädling mehr. Die Population im Hardtwald ist eine der größten Deutschlands. Hat der Große Eichenbock seine Larvengänge verlassen, richten Grabwespen und Mauerbienen darin ihren Nistplatz ein.

Im Hardtwald sieht man hin und wieder Ameisenhügel. Meist stammen sie von der Roten Waldameise. Es gibt aber auch Ameisen, die im Holz leben, zum Beispiel die Stöpselkopfameise, die Vierpunktameise und die Braune Wiesenameise. In deren Nestern lebt unsere kleinste heimische Grille, die Ameisengrille. Sie wird nur 3,5 Millimeter groß und ernährt sich parasitisch von der Ameisenbrut. Die Grille kommt in Baden-Württemberg nur in der Hardtebene und im Nördlinger Ries vor.

All diese Tiere sind so klein oder leben so versteckt, dass sie dem Waldbesucher kaum auffallen. Die Chance, einen Vogel zu hören oder zu sehen, der Alt- oder Totholz bewohnt, ist weitaus größer. Der Schwarzspecht zum Beispiel ruft sowohl im Flug als auch sitzend am Stamm, wobei sich die Rufe deutlich unterscheiden. Wer einmal darauf aufmerksam wurde oder sich Aufnahmen davon angehört hat, erkennt sie im Wald rasch wieder. Der Schwarzspecht benötigt für seine geräumige Bruthöhle große, alte Bäume, die in Brusthöhe einen Umfang von mindestens 1,40 Meter haben. Diese benutzt er bis zu sechs Jahre lang als Bruthöhle und bis zu 35 Jahre als Schlafhöhle. Danach dient sie Siebenschläfern, Hohltauben und Fledermäusen als Quartier, oder es stellen sich Hornissen zum Nisten ein.

Bei all dem holzfressenden Getier könnte es einem leicht Angst und Bange um den Karlsruher Hardtwald werden. Es gibt aber keinen Grund zur Panik: keines dieser Tiere vermehrt sich so stark, dass es zum ernsthaften Waldschädling wird, wie zum Beispiel der Borkenkäfer. Lediglich der Maikäfer setzt dem Hardtwald alle paar Jahre zu. Seine Larve, der Engerling, frisst an den Wurzeln von Laubbäumen. Vor allem junge Bäume werden dadurch geschädigt, was den Umbau der Kiefernforste in Laubmischwälder erschwert.

▸ Bizarre Gestalt im Abendlicht: Eine tote Eiche im Schlosspark Stutensee

Große, bizarre Bäume sind von beeindruckender Schönheit und Mystik – viele Sagen ranken sich um sie. Im Park des Schlosses Stutensee (2) kann man die Aura alter Eichen auf sich wirken lassen und bei dieser Gelegenheit auch die Fraßspuren des Eichenbocks einmal genauer betrachten. Beeindruckende Alteichen sieht man auch im Hardtwald, zum Beispiel entlang der Linkenheimer Allee (3), an der Stutenseer Allee / Ecke Rintheimer Querallee (4), am Nordrand des Waldes, rund 100 Meter westlich der Pfinz-Heglach (5) und in der Waldstadt in der Glogauer Straße (6). Einige dieser Bäume sind als Naturdenkmale geschützt. Die Forstverwaltung wird zudem alle Alteichen des südlichen Hardtwaldes erhalten, soweit dies die Verkehrssicherheit zulässt.

▸ Die Linkenheimer Allee führt direkt zum Karlsruher Schloss

▸ Wegrand an der Rintheimer Querallee im Frühling mit Zypressen-Wolfsmilch, Gundermann, Gamander-Ehrenpreis und Acker-Vergissmeinnicht

Ganz schön bunt: Wegränder und Säume

Vom Frühling bis in den Herbst wird es im Hardtwald immer wieder richtig bunt. Im Herbst ist es das Laub, das sich verfärbt, und im Frühling und Sommer sind es die Kräuter und Sträucher, die an den Wegrändern und Säumen blühen. Streng genommen sind Wege ein Eingriff in das Ökosystem: sie zerschneiden und erschließen den Wald. Andererseits bieten sie lichtliebenden Pflanzen Lebensraum.

Im Hardtwald gibt es viele Wege: strahlenförmig vom Schloss wegführende Hauptalleen, Queralleen und unzählige Zwischenverbindungen. Die meisten ließ Markgraf Karl Wilhelm nach Errichtung des Schlosses und der Stadt Karlsruhe anlegen – zur Erschließung des Waldes, als Verbindung der neuen Residenz mit den Hardtdörfern und zur Jagd. Dazwischen liegen verstreut gemähte Freiflächen und Kahlschläge. Je nach Bedeutung der Wege ist ihre Decke aus Asphalt, Kalksplitt oder Sand. Von ihr und der Menge des einfallenden Lichtes hängt ab, welche Flora sich am Wegrand entwickelt. Vor allem die Ränder der Sandwege verdienen die Aufmerksamkeit des Naturschutzes: ihre Pflanzen und Tiere sind oft bedroht und besonders selten. Schöne Beispiele gibt es am Waldrand im Norden der Kirchfeldsiedlung (7). Die Gräser und Kräuter dort sind zierlich und klein. Im Frühling und Frühsommer entdeckt man Nelken-Schmielenhafer, Frühlings-Hungerblümchen, Hügel-Vergissmeinnicht, Kleinen Schneckenklee, Platterbsen-Wicke, Silber-Fingerkraut und Bauernsenf. Zu dieser Zeit graben auch viele kleine Bienen ihre Nester in den Sandboden, zum Beispiel die Sandbiene. Etwas später, im Hochsommer, hört man das verhaltene Zirpen der Gefleckten Keulenschrecke. Vielleicht flattert auch ein kleiner Bläuling auf der Suche nach Nektar vorbei.

Eigentlich ist der Sand der Karlsruher Hardt oberflächlich entkalkt, der Boden also sauer. Dennoch gibt es im Hardtwald viele basenreiche, kalkhaltige Wegränder. Das liegt an dem Kalksplitt und den Waldkalkungen. Entlang der gesplitteten Wege wachsen Kleiner Odermennig, Mittlerer Klee, Gewöhnlicher Gundermann, Gamander-Ehrenpreis, Zaun-Wicke, Große Sternmiere, Zypressen-Wolfsmilch, Tüpfel-Johanniskraut, Wald-Erdbeere und Gewöhnliche Nelkenwurz. Diese Wegränder sind vor allem im

Frühjahr besonders bunt und attraktiv, auch wenn sie keine seltenen und gefährdeten Arten aufweisen. Schöne Beispiele gibt es entlang der Rintheimer Querallee (8). Sie verarmen aber rasch, wenn zu viele Nährstoffe und Stickstoff in den Boden kommen. Magere Wegränder, die kalkarm sind, sehen anders aus. An den Wegen im Großen Saufang (9) blühen zum Beispiel Salbei-Gamander, Wald-Ehrenpreis, Gewöhnliches Habichtskraut und Glattes Habichtskraut. Die blütenreichen Wegränder locken viele Schmetterlinge zum Nektarsaugen an. Mit etwas Glück entdeckt man im Frühjahr und Frühsommer den Kaisermantel und das Waldbrettspiel oder die schwarz-rot-gelbe Raupe des Wolfsmilchschwärmers.

Die Wegränder der großen Alleen sind reichlich mit Nährstoffen und Stickstoff versorgt und meist beschattet. Hier wachsen vor allem nitrophile (= stickstoffliebende) Pflanzen: Gewöhnlicher Giersch, Knoblauchsrauke, Gewöhnlicher Beifuß, Kletten-Labkraut, Stinkender Storchschnabel, Kleinblütiges Springkraut, Große Brennnessel, Goldrute und Einjähriger Feinstrahl. Manchmal herrschen nur wenige Arten vor, besonders die Große Brennnessel oder das Kleinblütige Springkraut. Am Rande junger Wälder und auf Schonungen stellen sich, sobald der Boden etwas aufgerissen ist, ruderale Pflanzen ein. Viele von ihnen blühen prachtvoll und sind von Faltern umschwärmt: zum Bei-

▸ Der Ziegenmelker ist in Deutschland sehr selten und bedroht

▸ Im Sommer gibt es leckere Himbeeren im Wald

REZEPT

Parfait mit Himbeeren oder Brombeeren

Zutaten:

2 Eigelb	300 g Beeren
1 Ei	½ Liter trockener Rotwein
50 g Zucker	1 EL Speisestärke
1 Vanilleschote	Frischhaltefolie
1 Becher Sahne (200 g)	

Zubereitung:

Eigelb, Ei, 40 g Zucker und Mark der Vanilleschote im heißen Wasserbad so lange rühren, bis eine dicke Creme entsteht. Im kalten Wasserbad kalt rühren. Sahne schlagen, unter die Masse heben. Eine Kastenform mit Folie auslegen. Etwas schräg stellen und eine Ecke mit der Parfaitmasse halb füllen. Ca. 30 min anfrieren lassen.
100 g Beeren darauf geben, restliche Parfaitmasse darüber streichen, ca. 4 Stunden durchfrieren lassen.
Rotwein bis auf 3 EL erhitzen, Stärke mit restlichem Wein glattrühren, restliche Beeren zufügen, 2 Minuten köcheln, mit Zucker abschmecken und abkühlen lassen. Messer in heißes Wasserbad tauchen und das Parfait aus der Form lösen. In Scheiben schneiden und mit Soße anrichten.

Rezept von Beate Girrbach-Schoch

▸ Ein Seitenweg der Grabener Allee quert einen Dünenzug

spiel die Weiße Taubnessel, die Filzige Klette, die Wilde Möhre, der Gewöhnliche Natternkopf, das Gewöhnliche Leinkraut, der Gewöhnliche Steinklee, die Gewöhnliche Nachtkerze, der Rainfarn und die Großblütige Königskerze. Sind die Rohböden sauer und karg, fasst der Besenginster rasch Fuß. Es ist herrlich anzusehen, wenn die Büsche im Mai übersät sind von den gelben Schmetterlingsblüten. Ein schöner Besenginster-Saum ist am Waldrand im Osten von Eggenstein ausgebildet (10). Weitaus häufiger als die Besenginster-Büsche findet man im Hardtwald Brombeer- und Himbeergestrüpp, vor allem am Rand der lichten Kiefernwälder. Im Sommer kann man ruhig einmal von den leckeren roten und schwarzen Beeren kosten. Man sollte sie aber nicht in größeren Mengen absammeln, da auch zahlreiche Insekten, Vögel und Säuger sich von den Beeren ernähren; und man sollte nur Beeren aus den höheren Strauchregionen pflücken, um sich nicht mit dem Fuchsbandwurm zu infizieren.

In den Schonungen und lichten Kiefernwäldern kann man zwei besonders seltenen und bedrohten Vogelarten begegnen: dem Ziegenmelker und der Heidelerche. Beide sind allerdings leichter zu hören als zu sehen. Um sie aufzuspüren, sollte man sich zuvor mit ihren Gesängen vertraut machen. Das Tirilieren der Heidelerche ist am Tage zu hören, in Schlagfluren und Jungkulturen. Dort hält sich auch der Ziegenmelker auf. Er wird aber erst in der Dämmerung und nachts aktiv. Nur zu dieser Zeit kann man den schnurrenden Gesang der Männchen hören – ein Geräusch wie von einem kleinen Motorrad aus weiter Ferne. Vielleicht fliegt einmal eines der Männchen davon: Dann klatscht es die Flügel über dem Rücken zusammen – auch das ist deutlich zu hören.

Berg- und Talfahrt: Dünen fernab von Meer und Wüste

Der Hardtwald ist gar nicht so eben, wie es von außen scheint. Wer mit dem Fahrrad zwischen der L 604 und dem Pfinz-Entlastungskanal von der Grabener Allee zur Friedrichstaler Allee wechselt, wird erstaunt sein über die Berg- und Talfahrt (11). Das geht schon in die Beine. Hier sollte man kurz anhalten und den Sand in den Händen zerreiben: er ist fein, wie in den Dünen der Nordsee oder der Sahara. Nun – die Karlsruher Hardt liegt auch in einem Dünengebiet, das von Rheinmünster im Süden bis nach Frankfurt reicht. Immer wieder findet man auf dieser Strecke Flugsanddecken, Dünenfelder und Einzeldünen, besonders im Norden um Sandhausen. Sie wurden am Ende der Eiszeit aus den Rheinschottern angeweht. Die Flugsande sind nur wenige Meter mächtig, manche Düne kann aber 20 Meter und mehr erreichen, zum Beispiel der Feldherrenhügel bei Oftersheim. In der Karlsruher Hardt zieht nur ein schmaler und flacher Dünenzug von Mühlburg nach Friedrichstal. Außerdem liegen einige kleine, ebenfalls flache Dünen zwischen dem Forschungszentrum und Graben sowie zwischen Spöck und Karlsdorf. Die Sande sind zum Teil abgegraben und bebaut oder bewaldet. Doch überall dort, wo sie offen liegen (zum Beispiel in Lichtungen oder Sandgruben), haben sich wertvolle Sand- und Magerrasen entwickelt.

Trocken und heiss: Sand- und Magerrasen

Heiße Tage und kühle Nächte, wenig Wasser und kaum Nahrung: so könnte man die Lebensbedingungen für die Pflanzen und Tiere in den Sand- und Magerrasen der Karlsruher Hardt umschreiben. Der sandige Boden kann kaum Wasser speichern, die Niederschläge versickern oder verdunsten schnell, Nährstoffe und Humus sind rar. Außerdem erhitzt sich der Boden rasch, kühlt aber ebenso schnell wieder aus. Nur wenige Lebewesen finden sich in diesem Milieu zurecht – Spezialisten, die ganz auf das Leben im kargen Sand eingestellt sind.

Zum Beispiel das Hügel-Vergissmeinnicht und die Sand-Wicke: Sie blühen früh und schließen ihren Lebenszyklus noch vor dem trockenen Sommer ab, um die ungünstige Jahreszeit als Samen zu überdauern. Der Scharfe Mauerpfeffer hingegen speichert Wasser in seinen verdickten Blättern. Andere Pflanzen verringern die Wasserabgabe durch eingesenkte Spaltöffnungen, Wachsüberzüge oder filzige Behaarung, zum Beispiel das Kleine Filzkraut. Auch die Tiere der Sand- und Magerrasen sind recht erfinderisch. Einige schützen sich vor der Hitze durch helle, reflektierende Körperoberflächen oder Gehäuse, zum Beispiel die Heideschnecke. Manche Wolfsspinnen haben sich als Schutz gegen die Verdunstung eine dicke Haut zugelegt. Viele Zwergspinnen sind nachtaktiv und entgehen so

▸ Die Gottesanbeterin – eine südländische Fangschrecke

der heißen Tageszeit. Grabwespen und Wildbienen verbringen die trockenheitsempfindlichen Lebensabschnitte vom Ei bis zum erwachsenen Tier in Erdröhren. Die Dunkelfransige Hosenbiene gräbt dafür einen bis zu 60 Zentimeter tiefen Gang: auf den Menschen übertragen entspräche das einem Stollen von immerhin 100 Metern Tiefe. Die Pflanzendecke der Sandrasen ist lückig. Das liegt daran, dass die bodennahen Wurzelgeflechte der Sandpflanzen weit reichen und wenig Platz lassen. In der Karlsruher Hardt kommen zwei Typen von Sandrasen vor: der Kleinschmielen- und der Silbergras-Rasen. Kleinschmielen-Rasen sprießen entlang von Sandwegen und -pfaden. Man erkennt sie am Bewuchs: Nelken-Schmielenhafer, Früher Schmielenhafer, Kleines Filzkraut, Mäusewicke und Bauernsenf. Silbergras-Rasen entwickeln sich auf offenen, kalkfreien Sandflächen, die durch Sandanwehung oder -abgrabung entstehen können. Sie erkennt man am besten im Sommer, wenn die Rispen des Grases im Gegenlicht leuchten und seinem Namen alle Ehre machen.

Magerrasen haben eine dichtere Grasnarbe als Sandrasen, der Pflanzenbewuchs ist aber deutlich geringer als in Wirtschaftswiesen. In der Karlsruher Hardt sind vor allem Rotschwingel- und Rotstraußgrasrasen verbreitet. Zwischen den Gräsern blüht es spärlich aber bunt: gelb das Frühlings-Fingerkraut, rosa die Sprossende Felsennelke, violett die Berg-Sandrapunzel, rot der Kleine Sauerampfer und silbern mit ein wenig Rot der Hasen-Klee.

Auf dem Alten Flugplatz im Südwesten des Hardtwaldes findet man beinahe alle der genannten Sand- und Magerrasen und als Besonderheit einen Borstgrasrasen (12). Das Areal ist äußerst schutzwürdig, auch nach dem Maßstab der europäischen Natura 2000-Richtlinie. Besonders schön ist es dort im Früh- und Hochsommer, wenn der Scharfe Mauerpfeffer (Abbildung S. 51) und später der Feld-Thymian gelbe und violette Blütenteppiche bilden. Vieles erinnert an mediterrane Gefilde: der Sand, die Trockenheit, die Hitze und so manche Pflanze und manches Tier. Die bizarre Gottesanbeterin zum Beispiel ist aus dem Mittelmeerraum in die Rheinebene eingewandert und erreicht auf dem Alten Flugplatz die Nordgrenze ihrer Verbreitung (Abbildung S. 47). Auch im Hardtwald finden wir Magerrasen, zum Beispiel im Süden des Wasserwerkes auf der Freifläche entlang der Brunnenreihe (13) und im Nordosten der Kirchfeldsiedlung auf einem ehemaligen Truppenübungsplatz (14).

Klein aber fein: Pflanzen und Tiere der Sandäcker

Trockene, staubige Felder mit Getreide, Mais, Spargel oder Tabak – die Feldflur um den Hardtwald scheint wenig attraktiv für Wildkräuter und Tiere. Dieser flüchtige Eindruck gerät ins Wanken, wenn im späten Frühjahr ein blau-rotes Blütenmeer von Kornblumen und Mohn aufleuchtet. Doch schon vorher gibt es einige Kostbarkeiten

▸ Klatschmohnfeld mit Kornblumen

zu entdecken, zum Beispiel im Natur- und Landschaftsschutzgebiet Wilhelmsäcker, zwischen dem Hardtwald und der Gemeinde Spöck (15).

Viele Äcker dort werden nur spärlich bewirtschaftet, manche liegen zeitweise, andere dauerhaft brach: ideale Bedingungen für bedrohte Ackerwildkräuter. Schon im März entfalten hier das Hügel-Vergissmeinnicht und der Dreiblättrige Ehrenpreis ihre kleinen violetten und blauen Blüten, von Augenhöhe aus kaum zu sehen, aus der Nähe aber filigran und prächtig. Oft finden sich gleich daneben der Acker- und der Wiesen-Gelbstern und der rosa blühende Reiherschnabel. Später, wenn die Feldfrüchte reifen, folgen höherwüchsige Kräuter mit großen bunten Blüten, zum Beispiel Sand- und Klatschmohn, Schmalblättrige Wicke, Kornblume und Acker-Rittersporn. Auf den blütenreichen Äckern und Brachen leben weit mehr Tiere als auf monotonen Hochertragsflächen. Und wieder sind es vor allem die Winzlinge, die bei näherer Betrachtung besonders attraktiv und meist auch stark gefährdet sind. Zum Beispiel die Köhler-Sandbiene: sie war früher weit verbreitet auf den Sandfeldern der Hardtebenen und ist heute vom Aussterben bedroht. Oder die Kleine Sandbiene: vor 40 Jahren um Karlsruhe noch relativ häufig, doch heute ebenfalls vom Aussterben bedroht. Beide Arten nisten in Erdhöhlen im Sandboden und sammeln die Pollen verschiedener Ackerwildkräuter.

Seen im Sand: Kiesgruben

Wasser versickert rasch im Sand, das weiß jedes Kind. Und dass die Karlsruher Hardt sandig und trocken ist, wurde nun schon mehrfach erwähnt. Dennoch gibt es hier Seen – in Kiesgruben, die so tief sind, dass der oberste Grundwasserhorizont offen liegt, und das ausströmende Wasser sie füllt. Der größte Baggersee der Karlsruher Hardt liegt im Nordosten des Waldes im Gewann Kohlplattenschlag (16). Hier lagern mächtige Schichten Kies, den der Rhein bis zum Ende der Eiszeit antransportiert hat. Zwanzig Jahre lang wurden die Steine ausgebaggert, von 1974 bis 1994. Heute steht die Kiesgrube unter Naturschutz.

Ganz gleich, zu welcher Jahreszeit man von einem der Beobachtungsstände über den eingezäunten See schaut: Auf dem Wasser ist immer etwas los. Im Winter rasten hier Reiher-, Schnatter- und Tafelenten, und Graureiher gehen auf

▸ Der Schmalblättrige Rohrkolben wächst im Röhricht der ehemaligen Kiesgrube

Fischjagd. Im Frühling zupfen Graugänse die sprießenden Gräser und Kräuter auf den Kiesbänken, während Eisvögel und Uferschwalben an ihren Nestern in den Erdhöhlen der Steilufer bauen. Im Sommer trocknen Kormorane nach erfolgreichem Tauchgang ihr Gefieder in der Sonne, Zwergtaucher trillern im Röhricht, und Flussregenpfeifer führen ihre Jungen auf den Kiesbänken. Im Herbst stochern Flussuferläufer und andere Watvögel in den Schlammbänken nach Würmern. Auch die Insektenwelt ist vielfältig und bunt. Die sandigen Ufer und Rohböden sind ideale Nistplätze für Grabwespen und Wildbienen, und die Röhrichtpflanzen am Seeufer gute Sitzwarten für Libellen. Im Röhricht wachsen neben dem Schilfrohr auch der Schmal- und der Breitblättrige Rohrkolben, im Sommer an ihren braunen, kolbenförmigen Blütenständen leicht zu erkennen. Die schmalblättrige Art ist in Baden-Württemberg gefährdet: im Kohlplattenschlag hat sie einen sicheren Standort.

Feucht und bunt: Bachauen

Was tun, wenn es an Heu mangelt, der Boden aber zu trocken und karg für ertragreiche Wiesen ist? Die Bauern der Hardtebenen hatten dieses Problem vor 200 Jahren und lösten es durch ausgeklügelte Be- und Entwässerungssysteme. So wurde zum Beispiel das Wasser der Pfinz über Seitenbäche und Kanäle umgeleitet, mit Wehren gestaut und durch Schließen kontrolliert in Bewässerungsgräben den Wiesen zugeführt. Das Pfinzwasser hielt die Grasnarbe feucht und seine Löss- und Lehmfracht düngte den Boden. Über die Seitenbäche und Kanäle konnten zudem die Hochwasser schneller abgeführt werden. Mit der Einführung des Kunstdüngers verlor die Wiesenwässerung ihre Bedeutung. Für die schadlose Ableitung der Hochwasser sind die Bäche und Kanäle aber immer noch wichtig.

In der Karlsruher Hardt gibt es heute keine natürlichen Fließgewässer mehr: Pfinz, Heglach und Alte Bach wurden für die Wiesenwässerung umgebaut, Hirschkanal und Pfinz-Entlastungskanal sind künstlich angelegt. Der Hirschkanal diente als Tränke, als der Hardtwald noch Wildpark war, der Pfinz-Entlastungskanal wurde zur Ableitung der Hochwasser gezogen. Dennoch, die Bäche und

▸ GELBE POLSTER DES SCHARFEN MAUERPFEFFERS AUF DEM ALTEN FLUGPLATZ KARLSRUHE

Gräben sind ein angenehmer Kontrast zu den trockenen Sandfluren. Vor allem die Heglach mit ihren Uferröhrichten und -gehölzen und die alte Aue mit ihren Wiesen und Obstbäumen bereichern den Naturraum. Die Heglachaue wurde deshalb als Landschaftsschutzgebiet ausgewiesen (17).

Am schönsten ist es in der Heglachaue im Frühjahr, wenn die Büsche und Obstbäume blühen. Zu dieser Zeit ist der Gartenrotschwanz in den Obstbaumwiesen auf Brautschau, und die Nachtigall flötet aus dem Gebüsch. Wenige Wochen später fangen die Wiesen an zu blühen. Besonders bunt sind sie auf den trockenen Böden, mit Wiesen-Salbei, Wiesen-Pippau, Wiesen-Knautie und Zottigem Klappertopf. An mageren Stellen blüht auch der Knöllchen-Steinbrech. Wo es etwas feuchter wird, wachsen Wiesen-Fuchsschwanz und Kuckucks-Lichtnelke. Entlang der Heglach stehen einzelne Silber-Weiden, Schwarz-Erlen, Eschen, Apfel-, Birnen- und Zwetschgenbäume. An baumfreien Abschnitten hat sich üppiges Schilfröhricht entwickelt. Im Mai blüht dort die Gelbe Schwertlilie, und im Juli entfaltet die Wasser-Minze ihre rosa Blüten. Zerreibt man ihre Blätter, verbreitet sie einen aromatischen Duft. An manchen Stellen ragen die kugeligen Blüten der Gelben Teichrose aus dem Wasser. Manchmal nimmt eine Azurjungfer auf den großen Schwimmblättern Platz und sonnt sich. Diese Libelle ist aber so klein und schlank, dass man sie leicht übersieht. Viel auffälliger ist die Gebänderte Prachtlibelle. Man kann von einer der Brücken aus gut beobachten, wie sie am Ufer entlangsegelt.

Georg Philippi

Die Pflanzenwelt des Hardtwaldes

Die Rheinebene nördlich von Karlsruhe zeigt drei unterschiedliche Landschaftsräume: die Rheinniederung mit kalkreichen Böden, die Hardtplatten mit kalkarmen, sandigen Böden und die Kinzig-Murg-Rinne mit Feuchtwäldern und Wiesen.

Die Hardtplatten werden auf großen Flächen heute noch von Wäldern eingenommen – die Böden waren für eine intensive und ertragreiche landwirtschaftliche Nutzung zu arm. Ackerbaulich genutzte Flächen gab es nur in den Randbereichen nahe der Siedlungen, die selbst alle am Rand des Gestades zur Rheinniederung oder zur Kinzig-Murg-Rinne liegen. Nur die Stadt Karlsruhe liegt als einzige Siedlung inmitten der Hardtplatten. Das sind Sandgebiete, die sich auf der rechten Rheinseite von Söllingen bei Rastatt im Süden bis Mannheim erstrecken. Sie werden immer wieder durch Schwemmlehme der Bäche und Flüsse aus dem Schwarzwald und dem Kraichgau unterbrochen. Nördlich des Neckars setzen sich diese Sandgebiete bis Frankfurt fort. Linksrheinisch finden sich entsprechende Sandgebiete im Hagenauer Forst im Unterelsass, auf der pfälzischen Seite im Bienwald und in den Wäldern westlich von Germersheim und Speyer. Der hier vorgestellte Hardtwald erstreckt sich als – mehr oder weniger – geschlossenes Waldgebiet von Karlsruhe im Süden bis nach Graben im Norden über eine Entfernung von über 15 Kilometern.

Die Böden dieser Gebiete sind sandig, in der Regel kalkarm und somit sauer. Der Grundwasserspiegel liegt rechtsrheinisch in einigen Metern Tiefe, sodass die Bäume mit ihren Wurzeln das Grundwasser meist nicht erreichen können. Sandböden können Wasser und Nährstoffe schlecht speichern, sodass die Standorte durch Trockenheit und eine gewisse Nährstoffarmut gekennzeichnet sind. Dazu kommen die relativ geringen Niederschläge, die jedoch nach Süden und zum Kraichgau hin zunehmen. Graben erhält im langjährigen Mittel 677 Millimeter Niederschlag, Bruchsal bereits 724 Millimeter und Karlsruhe 761 Millimeter (Mittel der Jahre 1871 bis 1950).

Wegen der armen Böden und der trockenen Standorte blieben auf den Hardtplatten große Waldflächen erhalten. Um die Zusammensetzung der Wälder zu verstehen, muss man ihre Geschichte kennen. Hier liefern uns einmal die Untersuchungen der Blütenstaub-Ablagerungen in Gewässern und Sümpfen (Pollenanalyse) wichtige Angaben, zum anderen sind es Forstakten, die zumeist nur die letzten 500 Jahre abdecken können. In der letzten Eiszeit, etwa vor 20 000 Jahren, herrschten im Gebiet baumfreie Kältesteppen; in den Spätphasen der letzten Eiszeit, etwa vor 12 000 bis 13 000 Jahren, wanderten als erste Holzarten Birke und Kiefer ein. Es folgten vor etwa 9 500 Jahren der Haselstrauch, unwesentlich später, vielleicht vor 9 000 Jahren, die Eiche, dann Linde und Ulme. Die Buche (Rotbuche) ist als letzte Holzart vor rund 5 000 bis 6 000 Jahren bei uns eingewandert.

Die früheren Nutzungen des Waldes sind heute kaum mehr vorstellbar. Haustiere durften im Wald weiden und unterbanden durch Fraß eine Verjüngung der Baumschicht; Falllaub, Bodenpflanzen und Moose wurden zusammengerecht und gelangten als Einstreu in die Ställe. Die Folge davon war eine Bodenverarmung. Dazu kamen speziellere Nutzungen, bei der Waldkiefer zum Beispiel die Gewinnung von Kienspänen oder von Harz. Die Übernutzung der Waldbestände, die einen Rückgang der Eichen verursachte, stellte Ende des Mittelalters ein Problem dar. Es führte zum Entstehen besonderer Pflanzgärten, den Eichelgärten, die in der Lußhardt erstmals 1517 erwähnt werden. In den späteren Waldordnungen dreht es sich immer wieder um diese Pflanzschulen. Mit der Einführung des Badischen Forstgesetzes von 1833 verschwanden zunächst viele früher selbstverständliche Nutzungsarten, wurden jedoch in Notzeiten wie nach dem Ersten Weltkrieg immer wieder aufgegriffen. Mit diesem Gesetz wurde angestrebt, die bestehenden Mittel- und Niederwälder in Hochwälder zu überführen. Das Ergebnis sehen wir

▸ Die Forstwirtschaft setzt heute wieder vermehrt auf Laubbäume

noch heute: Wir können sagen, dass viele Bestände im Hardtwald heute schöner sind, als sie es in den vergangenen 1000 Jahren jemals waren.

Welche Holzartenzusammensetzung hätten die Waldbestände des Hardtwaldes nördlich von Karlsruhe von Natur aus? Wie würden sie aussehen, wenn der Mensch nicht immer wieder steuernd eingreifen würde? Einen Hinweis darauf geben die wenigen hochwaldartigen Bestände des Gebietes. Häufiger finden wir Waldbestände, die wir als naturnah einstufen können, in der angrenzenden Lußhardt oder linksrheinisch im Bienwald oder im Hagenauer Forst. In diesen Waldbeständen ist die Buche (Rotbuche) die wichtigste Holzart. Eichen, wohl in erster Linie die Trauben-Eiche, weniger die Stiel-Eiche, dürften eine gewisse Rolle spielen, doch kaum einmal als wichtigste Holzart auftreten. In einzelnen Stämmen könnte vielleicht auch die Hainbuche beigemischt sein. Nach den wichtigsten Holzarten bezeichnen wir diesen Waldtyp als Eichen-Buchenwald. Er ist mit dem Hainsimsen-Buchenwald des Schwarzwaldes eng verwandt, unterscheidet sich aber durch das Fehlen einiger Arten in der Krautschicht.
Die Rolle der Eichen in diesen Waldbeständen ist schwer abzuschätzen. Die Eiche war wegen der Früchte über Jahrhunderte die für Mensch und Tier wichtigste Holzart und wurde systematisch gefördert. Insgesamt haben wir in allen unseren Wäldern Eichenanteile, die deutlich über den natürlichen Eichenanteilen liegen. Vielleicht war das Verhältnis Buche:Eiche in den Wäldern auf Sandböden 3:1, vielleicht 5:1; vielleicht ist der natürliche Eichenanteil noch geringer einzuschätzen.

Alle neueren Untersuchungen zeigen, dass die Buche der Eiche in den meisten Bereichen überlegen ist. Lediglich im Lebensalter ist die Eiche (im Mittel bis 500 Jahre) einer Buche (im Mittel etwa 300 Jahre) voraus. Fragen zur Dynamik gemischter Eichen-Buchen-Bestände und zum natürlichen Mengenverhältnis beider Holzarten lassen sich langfristig nur durch die Einrichtung von Bannwäldern klären. In diesen Waldbeständen ruht jede forstliche Nutzung; die Bestände sollen sich natürlich, ohne Steuerung durch den Menschen, weiterentwickeln. Leider hat man es bisher versäumt, in den Hardtwäldern entsprechende Bestände als Bannwälder auszuweisen. Vor dreißig Jahren, als das Bannwaldprogramm in Baden-Württemberg anlief, gab es noch schöne, geschlossene Eichen-Buchenwälder, etwa in der Lußhardt. Heute sind die Bestände teils verschwunden, teils haben sie infolge jüngerer Einwirkungen (z. B. durch Stürme) ihr Bild verändert. Bannwälder in den Hardtwäldern sind wichtig und dringend notwendig, zumal wir im nördlichen Oberrheingebiet eine in Mitteleuropa einmalige klimatische Situation (geringe Niederschläge und hohe Sommerwärme) haben.

In den Eichen-Buchenwäldern fehlt in der Regel eine eigene Strauchschicht – ein Charakteristikum der meisten Buchenwald-Gesellschaften. Die Krautschicht ist schlecht entwickelt und artenarm – eine Folge der starken Beschattung durch die Buche wie auch der armen und trockenen Böden. Häufig sind Pillen-Segge und Behaarte Simse, beide jedoch in sehr geringen Mengen. Dazu kommt, vorwiegend an etwas humoseren Stellen, der Kleine Dornfarn in einzelnen Stöcken; der Farn wächst gern in unmittelbarer Nachbarschaft alter Baumstrünke oder auf Totholz. Seltener sind kleine Bestände des Maiglöckchens. Sauerklee zeigt schon etwas reichere, lehmigere Böden an, ebenso das Efeu. Das Buschwindröschen kommt vereinzelt vor, doch nie in den Mengen wie in den Wäldern der Rheinniederung und der Kinzig-Murg-Rinne. Eine Moosdecke fehlt meist; nur gelegentlich finden sich auf kleinen Bodenerhebungen oder am Fuß von Stämmen oder Baumstümpfen kleine Rasen des Frauenhaars. Die Weiße Hainsimse kommt nur ganz vereinzelt vor, meist an etwas nährstoffreicheren Standorten. Ein schöner Bestand der Pflanze findet sich bezeichnenderweise auf der Fläche des ehemaligen Römerkastells bei Wiesental – wohl als Folge einer (früheren, schon lange zurückliegenden) Düngung (= Eutrophierung) zu deuten.

▸ MAIGLÖCKCHEN,
UNTEN: SAUERKLEE

Vielfach wurden Eichen in reinen Beständen gepflanzt. Derartige (meist junge) Eichenwälder sind durch Herden des Weichen Honiggrases gekennzeichnet. Auch der Salbei-Gamander ist hier häufiger zu finden als in naturnahen Eichen-Buchenwäldern. Der Grund für die besser entwickelte Krautschicht ist im lichten Charakter der Bestände zu suchen. Einen anderen Typ von Eichenwäldern stellen die Pflanzungen mit der aus Nordamerika stammenden Rot-Eiche dar. Hier gewinnt man den Eindruck, das schwere, auch schwer zersetzbare Falllaub ersticke jede Bodenvegetation.

Die Hainbuche ist eine weitere Holzart der Hardtwälder. Da sie leicht aus dem Stock ausschlagen kann – im Gegensatz zur Buche – wurde sie durch Übernutzung der Waldbestände gefördert. So finden wir besonders in Siedlungsnähe hainbuchenreiche Waldbestände. In Karlsruhe sind es zum Beispiel die Waldbestände am Adenauerring. Von Natur aus wären Buchen und Eichen hier die wichtigsten Holzarten.

Heute enthalten die meisten Bestände des Hardtwaldes die Waldkiefer; teilweise in reinen oder fast reinen Beständen, teils als Einzelstämme den Laubholz-Beständen beigemengt. Der Baum findet hier auf den trockenen Böden und wegen der Niederschlagsarmut des Gebiets gute

▸ SALBEI-GAMANDER

Wuchsbedingungen. Nach den mittelalterlichen Waldverwüstungen versuchte man – durch Einsaat mit der Kiefer – neue Wälder aufzubauen. Die ersten Pflanzungen erfolgten 1530 in der Lußhardt durch herbeigezogene Spezialisten aus Nürnberg, später aus Frankfurt; sie werden in den Urkunden als Tannensäer bezeichnet. Die große Ausbreitung der Kiefer dürfte in der Lußhardt gegen Ende des 18. Jahrhunderts erfolgt sein, im Karlsruher Hardtwald wohl erst nach 1800.

Die Kiefernbestände zeigen floristisch ein ganz anderes Bild als die Laubholzbestände. Sie lassen viel Licht auf den Boden auftreffen, und die Nadelstreu fördert die Humusbildung und erhöht damit auch die Fähigkeit, Wasser zu speichern. Neben den Brombeeren, die sich vielfach breit machen, kommen hier Drahtschmiele in größerer Menge vor. Jüngere Kiefernbestände zeichnen sich durch oft üppige Farnvorkommen aus; der Große Dornfarn zusammen mit dem Kleinen Dornfarn und stellenweise auch mit dem Wurmfarn sind hier häufig anzutreffen. Wo heute in lichten Kiefernforsten ausgedehnte Moosdecken zu finden sind, ist eine jüngere Streunutzung zu vermuten. Hier kommt dann – versteckt in den Moosdecken – das Sand-Labkraut vor. Auch das im Gebiet sehr seltene Heidekraut kann als Zeiger dieses früheren Raubbaues gelten. Allerdings verschwinden derartige Waldbilder mehr und mehr – die Böden erholen sich langsam nach Aufgabe der Streunutzung, die Flächen wachsen normal zu.

Charakteristisch für die Waldkiefern des Gebietes sind die reichen Bestände der Kiefernmistel. Sie bleibt weitgehend auf die Kiefernbestände der Rheinebene beschränkt und fehlt den Waldkiefern des Schwarzwaldes, ohne dass hierfür besondere Gründe erkennbar sind.

Neben den Waldgesellschaften auf Sand, kommen ganz kleinflächig – entlang der Rinnen mit lehmigen Böden – auch artenreiche Laubmischwälder vor. Im nördlichen Teil des Hardtwaldes, südlich von Graben, können diese Gesellschaften auch flächiger ausgebildet sein, so zum Beispiel an der Heglach. In der Baumschicht spielen Esche und Flatterulme eine gewisse Rolle. Neben dem etwas weiter verbreiteten Buschwindröschen sind Einblütiges Perlgras und Waldmeister gute Lehmzeiger. Bezeichnend für solche Standorte ist auch das gehäufte Auftreten der Großen Sternmiere, die allerdings weniger im Wald als an den Waldrändern anzutreffen ist. Als Sträucher kommen hier an Wegrändern Weißdorn und Pfaffenhütchen hinzu. Derartige Waldgesellschaften finden sich kleinflächig auch dort, wo beim Bau des Pfinzentlastungskanals nährstoffreicher (und lehmiger) Unterboden in den benachbarten Waldbeständen ausgebracht wurde.

Vergleicht man den Hardtwald nördlich von Karlsruhe mit den benachbarten Beständen auf Flugsand auf der linken Rheinseite, so stellt man deutliche floristische Unterschiede fest. Zwar erhalten Bienwald und Hagenauer Forst genauso wenig Niederschläge wie der Hardtwald um Karlsruhe, doch bedeuten der höhere Grundwasserstand (bis wenige Dezimeter unter der Bodenoberfläche) und die häufigeren Überflutungen der Mulden in den Wäldern der linksrheinischen Sandplatten eine bessere Wasserversorgung der Standorte und eine höhere Luftfeuchtigkeit. Das Schattenblümchen, ein weit verbreiteter Moderzeiger, ist rechtsrheinisch selten

▸ PFAFFENHÜTCHEN

▸ KNOBLAUCHSRAUKE

– im Bienwald oder Hagenauer Forst kommt die Pflanze verbreitet vor. Heidelbeere und Stechpalme sind linksrheinisch häufig – auf der badischen Seite fehlen sie fast ganz. Dazu kommen eine Reihe von Sumpf- und Wasserpflanzen, die in den badischen Hardtwäldern nie gefunden wurden, so z.B. der Königsfarn und die Wasserfeder. Pflanzen, die als Besonderheiten des Hardtwaldes um Karlsruhe gelten könnten, lassen sich nicht aufführen.

Die Wälder haben unter dem Einfluss des Menschen besonders in den letzten Jahrzehnten ihr Erscheinungsbild geändert. Magerzeiger wie das Aufrechte Fingerkraut, früher regelmäßig an den Wegrändern vorhanden, sind seltener geworden; der Rückgang des Sandlabkrautes wurde schon erwähnt. Stickstoffzeiger haben zugenommen. Dazu gehört in erster Linie die Brennnessel, die immer wieder, wenn auch nur in kleinen Flecken, zu finden ist. Brombeeren können dichte Bestände bilden. In den Teilen des Hardtwaldes unmittelbar nördlich von Karlsruhe konnten über 30 verschiedene Brombeer-Sippen nachgewiesen werden. Die Ursachen für diese Artenverschiebungen sind sehr komplex. Einmal spielt sicher der allgemeine Stickstoffeintrag aus der Luft eine Rolle; er ist eine Folge des Autoverkehrs und der Industrialisierung. An den westlichen Rändern des Hardtwaldes tragen die angrenzenden landwirtschaftlich genutzten Flächen über eine Einwehung des Düngers ganz offensichtlich zu dieser Eutrophierung bei. Die im Hardtwald üblichen Kalkungen führen über einen Humusabbau zu einer Stickstoff-Mobilisierung. Und schließlich ist es das dichte Wegnetz, das vielfach zu einer Überdüngung beiträgt.

Im Hardtwald sind zahlreiche „Neubürger" zu beobachten, die – meist aus anderen Erdteilen stammend – als Folge des menschlichen Wirtschaftens eingewandert sind oder direkt durch den Menschen eingebracht wurden. Dazu gehört in erster Linie die Späte Traubenkirsche, die aus Nordamerika stammt und wohl nach 1920 im Gebiet eingeschleppt oder bewusst eingebracht wurde. Heute fehlt die Pflanze in kaum einem Waldbestand. Meist ist sie als (z.T. kleiner) Strauch zu beobachten; im Halbschatten von Kiefern kann sie sieben bis zehn Meter hoch werden. Lediglich in den schattigen Buchen-Beständen bleibt der Strauch sehr niedrig. Die Förster sehen in der Pflanze ein Forstunkraut, das aber heute kaum noch auszurotten ist. Das Kleine Springkraut – ursprünglich aus Nordostasien stammend – ist in den letzten Jahrzehnten ein lästiges Waldunkraut geworden, wohl als Folge der allgemeinen Eutrophierung. Auch das Indische Springkraut – aus dem Himalaja – ist gelegentlich in Einzelpflanzen oder in kleinen Gruppen zu beobachten – vielleicht von Pflanzenfreunden ausgesät (so zum Beispiel im Hardtwald östlich von Eggenstein). In den letzten Jahren sind immer wieder Einzelpflanzen der aus Nordamerika stammenden Kermesbeere (ein 1–2 Meter hoher Halbstrauch) auf den Schlagflächen oder in Lichtungen zu finden (zum Beispiel östlich von Leopoldshafen). Vermutlich haben Vögel die Beeren eingeschleppt. Auch bei den in Südwestdeutschland heimischen Arten können wir eine Bestandszunahme beobachten. Zu diesen Arten gehört auch der Rote Fingerhut, ursprünglich vor allem im Schwarzwald heimisch, heute auf Freiflächen immer wieder in Einzelexemplaren vorhanden. Der Anbau von Nadelholz und die Schaffung von Schlagflächen haben die Vorkommen gefördert. Sicher hat der Mensch im einen oder anderen Fall durch bewusste Aussaat weitere Vorkommen geschaffen.

Es soll nun noch kurz die Pflanzenwelt der Wegränder geschildert werden. Während die Krautschicht der Wälder meist artenarm und lückig ist, finden wir entlang der Wege eine artenreiche, oft auch üppig entwickelte Flora. Hierfür lassen sich viele Gründe anführen. Einmal zeichnen sich die Wegränder durch eine bessere Wasserversorgung aus, da auf den verdichteten Wegen das Wasser kaum versickern kann und meist seitlich abläuft. Zum anderen bleibt Falllaub weniger auf dem Weg liegen – es gelangt meist auf die Wegränder, oft zuvor durch Tritt zerkleinert und somit leichter zersetzbar. Und schließlich sind viele Wege mit kalkhaltigem Material befestigt. Somit sind viele Wegränder besser mit Wasser und Nährstoffen versorgt als die angrenzenden Waldflächen.

Die Standardflora an beschatteten Wegrändern besteht aus dem Stinkenden Storchschnabel und der Dreinervigen Nabelmiere. Nährstoffreichere Standorte verlangen die Knoblauchsrauke, die Echte Nelkwurz und der Hecken-Kälberkropf. Schließlich kennzeichnet die Brennnessel Stellen mit besonderem Nährstoffreichtum und guter Wasserversorgung. Auf gute Stickstoffversorgung weisen auch die Vorkommen des Hecken-Knöterichs hin, der die Waldränder (besonders zu Ackerflächen hin) gelegentlich schleierartig überspinnen kann. Am Rande von Pfützen auf wenig begangenen Wegen sind der Kleine Knöterich zusammen mit dem Milden Knöterich charakteristische Pflanzen. Von der Verwendung von kalkhaltigem Material beim Wegebau profitiert ganz offensichtlich die Waldfiederzwenke, die entlang der Wege in dichten Beständen vorkommen kann, aber kaum in den Waldflächen zu beobachten ist.

Daneben gibt es im Hardtwald auch sonnige, trockene Wegränder. Besenginster ist hier eine der Charakterpflanzen. Vereinzelt trifft man in lückigen Straußgras-Rasen die Büschel-Nelke, die Berg-Sandrapunzel und die Mehlige Königskerze in der weißblühenden Form. Wo die Böden gelegentlich durch Tritt aufgelockert werden, stellen sich Ruderalpflanzen ein, zunächst einjährige Arten wie das Franzosenkraut (Knopfkraut, Karlsruher Kraut), die Grüne Borstenhirse und die Graukresse, an weniger gestörten Stellen Ausdauernde wie das Eisenkraut und der Natterkopf. An den Trittstellen der Wege selbst sind die violettrot blühende Rote Schuppenmiere zusammen mit dem Silber-Fingerkraut charakteristische Pflanzen.

Gewässer fehlen dem Hardtwald fast ganz. Vereinzelt wurden Tränken für das Wild ergraben; abgesehen von Rohrkolben und Wasserlinsen sind sie ohne besondere Wasservegetation. Der Pfinzkanal weist nur eine magere Ufervegetation auf – neben Brennnessel gelegentlich etwas Schilf; Wasserpflanzen fehlen fast ganz. Lediglich die (unter Naturschutz stehende) Sandgrube Kohlplattenschlag macht hier eine Ausnahme.

▸ BERG-SANDRAPUNZEL

Klaus Voigt

Eine Expedition ins Insektenreich

Ameisenlöwen und Ohrenzikaden, Wolfs-, Baldachin- und Springspinnen, die seltene Ameisenjungfer – was sich anhört wie das Bestiarium einer tropischen Gegend sind die Namen einiger kleiner Bewohner des Hardtwaldes. Aber keine Sorge, trotz der teilweise gefährlich klingenden Namen sind sie allesamt harmlos: Die Ameisenlöwen sind nur Zikaden und jagen Ameisen, die Springspinnen fallen den Menschen nicht an und die große Wolfsspinne ist harmlos und huscht durchs Laub auf Beutefang.

Jedem Spaziergänger, der durch den Hardtwald geht, fallen die auf den Wegen träge herumlaufenden schwarzblau glänzenden großen Mistkäfer auf. An feuchten Tagen sind sie besonders häufig. Was suchen sie dort? Wie schon ihr Name sagt, es sind Mistkäfer. Sie sind alle schwarz, manche auch blauschwarz oder grünschwarz. Wer besonderes Glück hat, findet sogar einen Stierkäfer mit zwei Hörnern auf seinem Brustpanzer. Alle Mistkäfer sind auf der Suche nach Kot. Manche bevorzugen Kaninchen- oder Rehkot, andere nehmen auch Hunde-, Fuchs- oder Marderkot an, den sie als Nahrung für ihren Nachwuchs brauchen. Aus Teilen der Kotballen formen sie kleine Kugeln, die sie 10 bis 20 Zentimeter tief im Boden vergraben. Deshalb sind ihre Vorderbeine wie Grabschaufeln ausgebildet, mit denen sie kleine Höhlen in den Boden graben, in denen die Kotkugeln aufbewahrt werden. Ist genügend Nahrungsvorrat herbeigeschafft, legt das Weibchen eines oder mehrere Eier dazu und verschließt den Zugang mit Mist und Erde. Aus den Eiern schlüpfen nach einiger Zeit kleine unscheinbare Larven. Sie ernähren sich von dem nahrhaften Vorrat und sind nach etwa einem Jahr ausgewachsen. Nun verpuppen sie sich und wandeln sich allmählich in einen Käfer um, der als bleicher Geselle aus dem Boden hervorkommt. Erst unter dem Einfluss von Licht und Sauerstoff färbt er sich so schön irisierend blau und schwarz. Sein Geruchssinn in den Fühlern hilft ihm, Nahrung und einen Geschlechtspartner zu finden. Nach der Paarung werden wieder neue Kotpillen gefertigt und Vorräte für den Nachwuchs angelegt. Auf diese Weise helfen diese wunderlichen Käfer, Abfälle zu verwerten und zu beseitigen. Wir sollten sie bei ihrem Treiben beobachten, aber nicht stören. Den alten Ägyptern war ein Verwandter unseres Waldmistkäfers, der Heilige Pillendreher Scarabaeus, ein Sinnbild für Wiedergeburt und ewiges Leben. Der Pharao trug immer einen Ring und andere Schmuckstücke mit seinem Bild des Käfers mit sich.

Andere Käfer sieht man nicht so häufig. Ab und zu quert ein schwarzer oder grüner Laufkäfer eilig den Weg auf der Suche nach zertretenen oder verletzten Blatt- oder Weichkäfern, nach Raupen und kleinen Würmern. Mancher

▸ Mistkäfer

sucht auch nach seiner „Leibspeise": den Schnecken. Käferspuren findet das kundige Auge überall. Die zahlreichen Holzkunstwerke im Hardtwald weisen runde und ovale Schlupflöcher auf, aus denen Bockkäfer geschlüpft sind, die als Larven mehrere Jahre im toten Holz genagt haben. Der Eichenbock ist ein stattlicher Käfer, der unter besonderem Schutz steht, obwohl seine Larve durch ihre großen Bohrgänge das Eichenholz für den Verkauf fast wertlos macht. Der Käfer befällt vor allem kranke, brüchige Eichen. Er ist selten geworden. Doch im Hardtwald hat er noch ein Refugium. Ebenfalls fast 60 Millimeter misst der Mulmbock. Seine Larve lebt im Mulm der Kiefernstümpfe. Die Antennen des Käfers sind fast körperlang. Wer ihn sehen will, muss abends im Hardtwald unterwegs sein, denn er ist nachtaktiv. Auf den Blättern des Hohlzahns sitzt manchmal einer der gelbschwarzen Schmalböcke. Nur die fertigen Käfer sitzen auf den Blüten und Blättern. Die Larven suchen ihre Nahrung unter der Rinde von verschiedenen Nadelholzstümpfen. Unter der Rinde von totem Holz entdeckt man auch die Spuren der gefürchteten Borkenkäfer. Der bekannteste heißt Buchdrucker, weil seine Larvengänge wie die Zeilen einer Buchseite aussehen. Von einem senkrechten Muttergang zweigen sie links und rechts ab. Einzelne Käfer werden vom Förster toleriert. Kommt es aber zu einer Massenvermehrung, muss der Forstmann regulierend eingreifen. Als Folge des verheerenden Wirbelsturmes Lothar sehen wir vielerorts Baumstämme liegen, die berieselt werden. Dadurch werden die Lebensbedingungen schädlicher Käfer so verschlechtert, dass sie das tote Langholz nicht befallen.

Auf den Büschen und Sträuchern an Lichtungen und Waldrändern wimmelt es im August und September von „Franzosenkäfern". Die Weichkäfer erinnern mit ihren blauen Flügeldecken und der roten Bauchfarbe an die ehemaligen Uniformen der französischen Armee (blaue Jacken und rote Hosen), was ihnen zu ihrem deutschen Namen verholfen hat. Ihre bepelzten Larven kriechen am Boden unter Steinen und Holz umher und ernähren sich von Schnecken und kleinen Würmern. Da sie manchmal auch im Winter aktiv sind und gelegentlich auf Schnee zu finden sind, spricht der Volksmund von „Schneewürmern", obwohl es keine Würmer sind. Auf Blüten findet man einige der schönsten Käfer, die blau, rot, golden schillernden Prachtkäfer Agrilus. Trotz ihres bunten Farbenkleides fallen sie fast nicht auf, weil im Sonnenlicht ihre Farben mit dem Untergrund verschmelzen. Ihre Larven leben im Holz verschiedener Sträucher und Bäume. An kleinen Tierleichen entdeckt man den schwarz-roten Totengräber Necrophorus vespilloides und andere schwarze Aaskäfer. Sie beseitigen die Fleischreste, während viele Pelz- und Speckkäfer sich um die haarigen Fellreste und die Federn kümmern.

▸ Ein Hirschkäfer präsentiert seine „Oberkieferzangen"

Zu bestimmten Zeiten treffen wir verschiedene Vertreter der Blatthornkäfer im Hardtwald an. Im Frühsommer fliegt schwerfällig und laut schwirrend ein Hirschkäfer-Männchen durch die Luft. Viele fürchten die mächtigen Oberkieferzangen, mit denen er Unvorsichtige in die Finger zwicken könnte. Doch bedrohlich sind nur die kurzen beißzangenähnlichen Kiefer der etwas kleineren Weibchen, die bei ungeschickter Handhabung blutende Verletzungen hervorrufen können. Die Zangen dienen dem Männchen vorwiegend als Werkzeug im Kampf mit männlichen Konkurrenten und als Hilfe bei der Paarung mit dem Weibchen. Mit ihrer Pinselzunge können die Käfer nur flüssige Nahrung, wie z. B. Baumsäfte aufnehmen. Mit ihren großen Zangen können sie auch am Boden liegende Kirschen quetschen, so dass der nahrhafte Saft zugänglich wird. Die engerlingartigen Larven leben fünf bis sieben Jahre in verrottenden Baumstümpfen, bis sie als Käfer zur Fortpflanzung ans Licht kommen. Auch die Maikäfer gehören zu dieser Familie. Feld- und Waldmaikäfer kann man leicht an ihrem spitzen Hinterleibsende unterscheiden. Ist es zugespitzt, so ist es ein Feldmaikäfer, ist es knotig verdickt, ein Waldmaikäfer. Auf den großen Fühlerblättchen der Antennen hat man mehr als 20 000 Sinneszellen gefunden, mit denen sie vielerlei Düfte und Feuchtigkeit wahrnehmen können. Ihre Larven heißen Engerlinge, oder auf Karlsruherisch „Quadde". Sie ernähren sich von Baumwurzeln und können nach einem „Maikäferjahr" große Schäden an jungen Bäumen im Hardtwald anrichten. Wenn im Juni „kleine Maikäfer" über die Lichtungen schwirren, so sind dies keine verspäteten Maikäfer, sondern der Junikäfer oder der Julikäfer. Auch sie haben kleine Engerlinge, die an Wurzeln verschiedener Pflanzen leben. Am westlichen Rand des Hardtwaldes kann man an sandigen Stellen einen pelzigen „Maikäfer" entdecken. Dieser „Pelzmaikäfer" ist mediterran. Er scheint sich nach Norden auszubreiten, ist aber noch relativ selten bei uns. Unregelmäßig tritt im Hardtwald auch der größte unserer Maikäfer, der bis 35 Millimeter große Walker, auf. Mit seinen dunkelbraunen, hell gesprenkelten Flügeldecken und seinen großen Fühlerblättchen ist er unverwechselbar. Er und seine Larve ernähren sich von Kiefernnadeln. Obwohl es im Hardtwald an Kiefern und Sandboden nicht mangelt, ist dieser mediterrane Käfer sehr selten. Er steht deshalb unter Naturschutz.

Über tausend verschiedene Käfer kann der Fachmann im Hardtwald entdecken, vom 1,5 Millimeter großen Winzling im Boden, im Moos oder in Pilzen bis zum 60 Millimeter großen Mulmbock. Viele sind aus menschlicher Sicht nützlich, wie die blattlausfressenden Marienkäfer und die Schnecken und Raupen vertilgenden Laufkäfer. Es gibt aber auch Nutzholz zerstörende Käfer, wie die Borkenkäfer, manche Bockkäfer oder die Waldmaikäfer. Solange sie in kleiner Zahl auftreten, werden auch die „Schädlinge" geduldet, weil sie durch zahlreiche natürliche Feinde im Zaum gehalten werden. Doch bei einer Massenentwicklung können große wirtschaftliche Schäden entstehen.

▸ WALDMAIKÄFER

Um sie zu vermeiden, wird regulierend eingegriffen. Mehrere tausend verschiedene Hautflügler kann der Fachmann im Hardtwald entdecken: Bienen, Hummeln, Hornissen, Ameisen, Faltenwespen, Schlupfwespen, Goldwespen, Gallwespen, Erzwespen, Brackwespen Grabwespen, Sandwespen, Lehmwespen, Pillenwespen, um nur einige Großgruppen aufzuzählen, die dort leben. Eine der größten ist die meistens friedliche, wespenjagende Hornisse. Sie misst etwa 30 Millimeter. Die Insekteneier parasitierender Zwergwespen bringen es nur auf etwa 0,5 Millimeter. Die letzteren sind die kleinsten „Sechsfüßer" im Hardtwald. Sie legen ihre Eier in die kleinen Eier der Schmetterlinge, Fliegen, Wanzen und Zikaden hinein. In dem Ei machen sie ihre ganze Entwicklung durch. Erst das fertige Wespchen schlüpft aus dem ausgehöhlten Ei heraus, um einen Geschlechtspartner zu suchen und sich fortzupflanzen.

Hummeln brummen gemächlich von Blüte zu Blüte, sammeln Blütenstaub und Nektar und tragen ihn zu ihren Larven in den kleinen Nestern im Boden, zwischen Steinhaufen oder in kleinen Höhlen. Erdhummeln, Steinhummeln und Gartenhummeln sind recht häufig im Hardtwald zu beobachten. Im August fliegt auch die hummelgroße Holzbiene an den lichteren Stellen des Waldes. Sie fällt durch ihre Größe und die blauviolette Farbe sofort auf. Diese Biene nagt in trockenes Holz dürrer Äste tiefe Gänge, worin sie ihre Eier mit einem Pollenvorrat ablegt. Sie ist ein mediterranes Tier, das in der Oberrheinebene nur an wenigen Orten vorkommt – der Hardtwald gehört dazu. Der Bienenwolf ist bei Imkern nicht beliebt. Diese schwarzgelbe Wespe jagt Honigbienen, lähmt sie mit einem Stich und trägt sie als Larvenfutter zu ihrem Bodennest. An einem weißen Fleck an der Vorderseite des Kopfes kann man den Bienenwolf leicht erkennen. Blattwespen dagegen sind nicht sofort als Wespen erkennbar. Mit ihrem breiten, abgerundeten Hinterleib und der fast eintönigen dunklen Farbe hält man sie fast für Fliegen. Erst wenn man ihre vier häutigen Flügel wahrnimmt, erkennt man sie als Angehörige der Wespen. Eine der größten ist mit 25 Millimetern die Große Birken-Keulenblattwespe. Sie trägt einen gelbweißen, mondförmigen Fleck an der Oberseite des Hinterleibes. Beim Benagen von Ästchen und Zweigen der Birken tritt Saft aus, von dem sich die raupenförmigen Larven ernähren.

Wer Glück hat, sieht auch einige Spezialisten bei der Arbeit: Auf einem kleinen Holzstoß hat die Riesenschlupfwespe eine Made erspürt. Hoch krümmt sie ihren Hinterleib und setzt ihren Bohrer an. Gezielt durchsticht sie das harte Holz und trifft zielsicher die etwa 15 Millimeter tief im Holz nagende Larve. Sie sticht sie an und legt ein Ei hinein. Nach kurzer Zeit schlüpft aus dem Ei eine kleine blinde, fußlose Made, die sich zuerst vom Fettkörper der Larve ernährt, ohne lebenswichtige Organe ihres Wirts anzugreifen. Erst wenn sie fast ausgewachsen ist, frisst sie die Larve vollends leer und verpuppt sich in deren Larvenhaut zur fertigen Wespe. Am sandigen Waldweg begegnet uns eine schwarze große Wespe, deren orangener Hinterleib auffallend lang und dünn ist. Sie müht sich ab, eine kleine Raupe zu transportieren. Wer Geduld hat, sieht, dass die Sand-Grabwespe einem bestimmten Platz zustrebt. Dort angekommen, legt sie ihre Beute ab, bewegt ein paar kleine Steinchen zur Seite, sodass der Eingang zu einer kleinen Höhle freiliegt. Nachdem sie ihre vorher selbstgebaute Höhle inspiziert hat, nimmt sie die Raupe wieder auf und praktiziert sie hinein. Die Raupe lässt alles geduldig über sich ergehen, denn die Wespe hat sie durch einen Stich ins Bauchmark gelähmt. Sie ist bewegungslos,

► SAND-GRABWESPE

aber nicht tot. Dort im Erdloch wird die Wespe noch ein Ei zum lebenden Nahrungsvorrat ablegen und dann den Zugang wieder sorgfältig mit Sand zubauen und den Platz wieder einebnen. Dann wird sie eine neue Höhle anlegen, wieder eine Raupe suchen und herantransportieren. Die aus dem Ei geschlüpfte Made wird sich von der Raupe ernähren und im nächsten Frühjahr als fertige Wespe den Boden verlassen. Wegwespen wiederum machen vorwiegend Jagd auf Spinnen. Sie lähmen sie und legen sie in hohlen Stängeln ab. Goldwespen, die in der Sonne rot, grün oder blau schillern, sind die Juwelen unter den Hautflüglern. Auch sie sind Parasiten, lauern am Eingang von Höhlen verschiedener Bienen und Grabwespen, und sobald die Wirtsbiene abgeflogen ist, dringt sie in die Höhle ein, öffnet den Verschluss der Larvenkammer und legt ihr Ei bei der Bienenlarve ab. Danach verschließt sie die Öffnung wieder kunstgerecht. Kommt die rechtmäßige Biene vorzeitig zurück, versucht sie den Eindringling abzustechen, was ihr aber wegen der starken Panzerung der Goldwespe kaum gelingt. Sie kann sie nur an den Flügeln zum Bau hinauszerren. Diese parasitierenden Wespen sind ein Teil des Naturhaushaltes. Sie richten keinen nachhaltigen Schaden unter ihren Beutetieren an. Jedes Insektenweibchen legt viele, manchmal mehrere hundert Eier, denn zahlreiche Feinde bedrohen Eier, Larven, Puppen und Geschlechtstiere. Es genügt, wenn zwei Nachkommen zur Fortpflanzung kommen, um die Art zu erhalten. Nur der Mensch kann mit giftigen Stoffen wie Öl, Benzin, festen und flüssigen Chemikalien ganze Tierpopulationen ausrotten.

Auf den Brombeeren und Himbeeren im Hardtwald sitzen manchmal braune und grüne Stinkwanzen. Sie hinterlassen auf den Beeren einen unangenehmen Geschmack. Die Beerenwanzen haben auf ihrer Unterseite – wie fast alle Wanzen – eine Stinkdrüsenöffnung, aus der sie bei Störung Abwehrstoffe absondern. Der Duft kann auch dem Zusammenfinden und dem Zusammenhalt dienen, wie man an den zahlreichen rot-schwarzen Feuerwanzen am Fuß der Linden erkennen kann. Die Karlsruher nennen sie „Friedhofskäfer“, weil man sie dort regelmäßig antrifft. Mit ihrer auffälligen Maskenzeichnung warnen sie neugierige Fressfeinde, dass sie nicht gut schmecken. Kaum ein Vogel vergreift sich an den zahlreichen Feuerwanzen. Falls ein neugieriger Jungvogel dies dennoch tut, lässt er das Insekt schnell wieder fallen und schüttelt lange den Kopf, wie um einen unangenehmen Geschmack wieder loszuwerden. Feuerwanzen ernähren sich vorwiegend von Lindensamen, aber auch von zertretenen Schnecken, Würmern und Insekten. Die meisten sind flügellos, denn an einem Lindenbaum finden viele Generationen Nahrung. Nur etwa fünf Prozent sind langflügelig. Sie fliegen bei günstiger Witterung weg, um neue Nahrungsquellen zu suchen.

Wanzen gibt es viele im Hardtwald. Unter der verpilzten Rinde toter Bäume und Äste leben Rindenwanzen. In den Blüten, aber auch in den Borkenkäfergängen, findet man kleine Blumenwanzen. Auf den Dolden von Baldrian, Bärenklau, Möhre oder Schafgarbe sieht man Blindwanzen ihre Nahrung suchen. Auf den Blättern der Bäume jagen Schreitwanzen Blattläuse, Blattflöhe, Ohrwürmer und Blattwespenlarven, Raubwanzen jagen Raupen, die sie aussaugen. In den Kiefernzapfen leben die Zapfenwanzen, die sich von Kiefernsamen ernähren, während auf den Fichten- und Kiefernzweigen kleine mückenartige Raubwanzen den zahlreichen Blattläusen nachjagen. Viele Bodenwanzen saugen an Samen und an Stängeln verschiedener krautiger Pflanzen. Dort findet man auch die Brutfürsorge treibende Birkenwanze. Sie bedeckt mit ihrem Körper ihr Eigelege, um es so vor den parasitierenden Schlupfwespen zu schützen. Mit Erfolg. Versuche zeigten, dass von den beschützten Eigelegen nur etwa fünf Prozent, von unbewachten aber 95 Prozent angestochen wurden. Die an den Wurzelhälsen und Wurzeln saugenden Erdwanzen wiederum leben weitgehend im Verborgenen. Die Bettwanze gibt es natürlich im Hardtwald nicht. Höchstens in einem Taubennest oder in einem Fledermausquartier könnte man Verwandte dieses blutsaugenden Parasiten finden.

Etwa 350 verschiedene Wanzenarten können im Hardtwald gefunden werden. Doch hat bisher noch niemand alle Arten dort nachgewiesen. Sie leben weitgehend im

Verborgenen, und man braucht viel Geduld, Glück und Ausdauer, um diese heimlichen, aber meist harmlosen Gesellen aufzuspüren.

Nein, sie ist kein Insekt, denn sie hat acht Beine und acht Augen. Am sonnigen Rande von Lichtungen und Wegen kann man eine der schönsten Spinnen des Hardtwaldes, die Wespenspinne Argiope, entdecken. Manchmal sieht man zuerst ihr großes senkrechtes Netz mit einer weißen Zickzacklinie aus feinster Spinnenseide. Im Zentrum sitzt die große, schwarz-gelb gefärbte Webspinne kopfunter und wartet darauf, dass sich ein Insekt in ihrem Netz verfängt. Wer sie näher betrachtet, erkennt auf ihrem Kopf-Brust-Stück eine totenkopfähnliche Zeichnung. Das bedeutet aber nicht, dass diese Spinne für uns besonders gefährlich ist. Gefährlich ist sie nur für Fliegen, Mücken, Wanzen, Käfer, Wespen, und andere Insekten, die sie schnell mit einem Seidenband fesselt, bevor sie verzehrt wird. Dies geschieht auch mit einem paarungswilligen Männchen, wenn es sich unvorsichtig dem Weibchen nähert oder nach erfolgter Paarung sich nicht schnell genug wieder entfernt. Große Wolfsspinnen huschen durch das Laub auf der Suche nach Beute. Im Frühherbst entdeckt man beim morgendlichen Spaziergang die zahllosen taubenetzten Gespinste der Baldachinspinnen, deren Vorhandensein sonst kaum auffällt. Die kleinen Springspinnen mit ihren Teleskopaugen dagegen, die man an den Baumstümpfen findet, bauen keine Netze. Sie erbeuten kleine Käfer, Fliegen und Springschwänze im gezielten Sprung. An jedem Holzstoß kann man die Weberknechte und Kanker sehen, die mit ihren langen Beinen geschickt auf Nahrungssuche gehen. Einzelne fangen Asseln, andere Schnecken, Würmer und verschiedene Larven.

Insektenjagd im Hardtwald ist besonders interessant, wenn man nicht in erster Linie Insekten sammelt, sondern sie beobachtet und ihre geheimnisvolle Welt studiert. Dazu braucht es nur Geduld und Muße. Der Forscher muss auch einzelne Tiere mitnehmen, um sie genauer untersuchen und bestimmen zu können, weil das in der freien Natur und ohne Mikroskop oft nicht möglich ist. Der Naturfreund und Wanderer kann mit einem guten Insektenbuch und einem Vergrößerungsglas ausgerüstet, viele der „Sechsbeiner" erkennen und etwas über ihre Biologie erfahren.

Wie aus dem bisher Berichteten deutlich geworden ist, ist die Insektenwelt des Hardtwaldes so umfangreich und vielfältig, dass kein Mensch alle Insekten des Hardtwaldes kennt. Es war bisher noch nicht die Rede von den prächtigen Schmetterlingen, die im Hardtwald zu beobachten sind. Tag- und Nachtfalter, Eulen, Spinner und Spanner fliegen durch das Gehölz, von den „Motten", wie die Kleinschmetterlinge oft genannt werden, ganz zu schweigen. Ihre Raupen entdeckt man auf verschiedenen Kräutern und am Boden. Laubheuschrecken kriechen durch das Blätterwerk der Bäume und Sträucher, Feldheuschrecken sitzen im Gras, Grillen zirpen am Waldrand, Schaben huschen durch das Unterholz, Ohrwürmer und Asseln verbergen sich hinter der losen Rinde. Hunderte von kleinen und größeren Zikaden sitzen im Laub, auf den Kräutern, am und im Boden. Einige tragen absonderliche Namen, wie die Ohrenzikade oder der Europäische Laternenträger. Ameisenlöwen fangen Ameisen in ihren Trichtern; die zugehörige Ameisenjungfer hat fast noch niemand gesehen. Selbst Libellen jagen Insekten im Hardtwald, wie man immer wieder beobachten kann.

Und auch Fliegen gibt es unzählige hier. Gemeint sind nicht in erster Linie die lästigen blutsaugenden Schnakenweibchen, die einem manchmal den Aufenthalt im Wald verleiden können. Man sieht Erdschnaken mit ihren langen Beinen, Raubfliegen, die wiederum Fliegen, Käfer und Wanzen jagen, Bremsen mit ihren farbenprächtigen Augen, grünschillernde Fleischfliegen, die statt Eier fertige Maden auf tote Tiere ablegen, kleine Essigfliegen, die sich in gärenden und faulenden Früchten rapide vermehren, Aasfliegen, die die Sporen des roten Tintenfischpilzes verbreiten, und Pilzmücken, die in den zahlreichen Groß- und Kleinpilzen leben. Über tausend verschiedene Fliegen und Mücken kann ein Fliegenforscher im Hardtwald entdecken und nachweisen. Doch wird er vermutlich nie alle vorhandenen auffinden.

HANS GOLL

AUS DER WELT DER BIENEN

Im Jahre 1835 wird zum ersten Mal in der Hofdruckerei G. Braun in Karlsruhe das „Landwirtschaftliche Centralblatt der Großherzoglich-Badischen Centralstelle für die Landwirtschaft" herausgegeben. Dort finden wir auch Hinweise auf Bienenhaltung und -zucht, sowie Vereinsmitteilungen und vieles mehr. Am 23. April 1857 ist Karlsruhe die Geburtsstätte des Badischen Landesvereins für Bienenzucht, worin sich die örtlichen Bienenzuchtvereine zusammenschlossen. Herr Dekan Franz-Xaver Weingärtner aus Durmersheim wurde zum 1. Vorstand gewählt. Im Jahr 1900 zählt der Badische Landesverein für Bienenzucht 83 Bezirkungs- und Zweigvereine mit insgesamt 6505 Mitgliedern. Die Abschaffung der örtlichen Bienenzuchtvereine in der NS-Zeit betraf auch den Karlsruher Bienenzüchterverein e.V., der im Jahre 1949 seine Arbeit wieder aufnehmen konnte. Heute zählt er über 150 Mitglieder aus Karlsruhe und Umgebung.

▸ HONIGBIENE

In einem ehemaligen Forsthaus im Hardtwald, das sich in der Grabener Allee 10 in der Nähe des Wildparkstadions befindet, hat er nun ein neues Zuhause gefunden. Nach verschiedenen Umbauten ist dort die Karlsruher Imkerschule entstanden. Auch für interessierte Gruppen und Schulklassen wird das Haus geöffnet und die Möglichkeit gegeben, sich über Bienen und deren Bedeutung zu informieren, wovon vielfach Gebrauch gemacht wird. Die Honigbiene durchläuft eine Metamorphose. Die Zelle, in welche die Königin das Ei legt, wird von den Arbeiterinnenbienen mit Futter versorgt und verschlossen. In dieser Zelle spielt sich die gesamte Entwicklung ab. Diese vollzieht sich vom Ei zur Larve in vier verschiedenen Rundmadenstadien, einem Steckmadenstadium und der Puppe. Zuletzt entsteht das Imago: die Biene.

Unter den Bienen gibt es sowohl alleinlebende als auch staatenbildende Arten. Weltweit sind ca. 20 000 Bienenarten bekannt, die meisten davon leben in den Tropen. In Mitteleuropa kommen etwa 500 Arten vor, von denen ungefähr 15 Prozent ein mehr oder weniger großes Staatenleben entwickeln. Die Wissenschaftler gehen davon aus, dass Wespen Vorläufer unserer Honigbienen waren. Die Wespen ernähren sich und ihre Brut von Fleisch, wobei die erwachsenen Tiere überwiegend süße Pflanzensäfte als Hauptnahrung zu sich nehmen. Demgegenüber sind Bienen reine Vegetarier und ernähren sich von Blütenstaub (Pollen) und flüssiger Süßkost wie Nektar und Honigtau. Die Bienen sind dadurch auf die Pflanzen angewiesen. Aber auch die Pflanzen benötigen zur Befruchtung die Bienen. Um den Blütenstaub sammeln zu können, sind die Bienen im Gegensatz zu den Wespen stark behaart. Unsere Honigbienen sammeln den Pollen an den Hinterbeinen und sehen aus, als ob sie Hosen tragen würden. Der Imker, der seine Bienen am Flugloch beobachtet, erkennt sogleich den Arbeitseifer seines Volkes und weiß, dass er sich bei einem reichen Polleneintrag um dessen Ernährung keine großen Sorgen machen muss. Ist Wasser in der Nähe und ist es draußen warm, sonnig und blütenreich, dann kann mit dem beginnenden Frühjahr die wachsende Brut gut versorgt werden.

Wie findet eine Biene den Weg zum blühenden Kirschbaum und zurück in den Bienenstock? Vor mehr als 50 Jahren veröffentlichte Carl von Frisch seine Forschungsergebnisse über das Orientierungsverhalten der Honigbienen und der sich daraus ableitenden „Tanzsprache“. So stellte er die Hypothese auf, dass die Bienen durch ihre „Tänze“ den Stockgenossinnen die Entfernung und Richtung der Trachtquelle anzeigen. Dabei können diese Nektar und Pollen riechen oder gar kosten. Die weiteren Forschungen haben gezeigt, dass jene Suchbienen ihrem Bienenvolk eine Vielzahl von Informationen vermitteln, sodass auch die übrigen Flugbienen treffsicher ihr Ziel erreichen. Sie werden auch dazu veranlasst, weitere Informationen über die Ergiebigkeit der Trachtquelle und neue Trachtquellen zu liefern. Die Biene erzeugt einen Schwirrton, der von den Nachläuferinnen wahrgenommen wird. Aus der Geschwindigkeit, mit der der Tanz ausgeführt wird, ergibt sich die Entfernung, in der sich die Trachtquelle befindet. Wie die Biene die geflogene Wegstecke misst, lässt sich gegenwärtig nur vermuten. Man geht davon aus, dass sie den Energieaufwand für den Flug am verbrauchten Futter registriert.

Voller Geheimnisse sind die Arbeitsteilung und das Sozialverhalten der Bienen im Stock. So übernehmen Arbeiterinnen das Bewachen des Flugloches vor eindringenden fremden Insekten und kleineren Tieren, wie Spitzmäusen, und sie sorgen für das Säubern der Waben, die Versorgung der Brut mit Nahrung ebenso, wie sie für das Eintragen von Nektar, Pollen und den Wabenbau sorgen. An der Bauchseite des Hinterleibes der Biene werden weiche, durchsichtig weiße, verformbare Wachsplättchen ausgeschieden, die mit unvorstellbarer Präzision zu exakt gleichmäßigen sechseckigen Zellen geformt werden. Die Größe der Zellen richtet sich danach, ob ein befruchtetes Ei für Arbeiterinnen oder bei größeren Zellen ein unbefruchtetes Ei für Drohnen – männliche Tiere – von der Königin hineingelegt werden wird. Die Form der Königinzelle hat ein völlig anderes Aussehen. Sie ist ein nach unten hängender ovaler Sack, der viel größer ist als die übrigen Zellen. Außen wird die Zelle durch wabenförmigen Wachsantrag verstärkt und damit geschützt. Darin kann sich eine neue Königin entwickeln. Königinnenzellen werden von den Arbeiterinnen in einem Volk nur gebaut und von der Königin mit Eiern belegt, wenn ein Bienenvolk schwärmen will. Dies geschieht, sobald der verbliebene Raum für das wachsende Volk zu klein wird und so ein Teil des Volkes mit der alten Königin ausschwärmt. Es ist aber auch dann der Fall, wenn die alte Königin nicht mehr genügend Eier zu legen vermag oder nicht mehr vorhanden ist. Dann spricht man von einem „weisellosen Volk“. Weisel ist ein anderer Begriff für die Bienenkönigin.

Imker nutzen diesen natürlichen Prozess zur Völkervermehrung, wenn sie die Vermehrung nicht künstlich betreiben wollen. Eine neu geschlüpfte Königin fliegt – abhängig von der Witterung – nach zwei bis drei Tagen zur Begattung durch Drohnen im so genannten Hochzeitsflug aus dem Volk. Die Königin ist sehr gewandt und schnell im Flug, sodass nur starke Drohnen sie im Flug überhaupt begatten können. Die Drohnen sterben danach. Die Begattung erfolgt mehrmals durch verschiedene Drohnen und oft auch an verschiedenen Tagen. Zielsicher kommt die Königin zum Volk zurück und bleibt dann dort ihr Leben lang, oft zwei bis fünf Jahre, ohne wieder auszufliegen. In dieser Zeit vermag sie in den Sommermonaten täglich bis zu 2000 Eier in einer Länge von 1,5 Millimeter und einem Gewicht von 1,3 Milligramm zu legen. Nach dem Sommer

▸ Das Vereinsheim der Bienenzüchter im Hardtwald

werden die Drohnen aus dem Volk getrieben und sterben. Nur die Königin und ihre Arbeiterinnen überwintern. Da der Imker dem Volk während des Sommers Honig genommen hatte, muss er sein Volk mit Zuckerwasser, zum Teil mit Honig gemischt, auffüttern.

Bienen sind für die Erhaltung unserer Kulturlandschaft und unserer Kulturpflanzen lebensnotwendig. Die Honigbienen tragen zu 80 Prozent von allen bestäubenden Insekten zur Befruchtung der Pflanzen bei. Ohne unsere Honigbienen könnte man sich nicht mehr an einer blühenden Wiese oder an einem saftigen Apfel aus dem Garten erfreuen.

Um 500 Gramm Honig ernten zu können, müssen die Bienen viele Kilometer fliegen. Eine einzige Biene würde für diese Leistung dreimal die Erde umfliegen. Auch wenn man im Zuge der Globalisierung Honig aus allen Ländern kaufen kann, so sollte man doch Folgendes bedenken: Der Imker in der Nachbarschaft sorgt mit seinen Bienenvölkern dafür, dass unsere Kultur- und Wildpflanzen erhalten bleiben. Außerdem hängt die Ernte unserer Früchte davon ab. Fühlen auch Sie sich für unsere Natur verantwortlich. Wenn Sie auf einem Spaziergang durch den Hardtwald an unserer Imkerschule vorbeikommen, so klopfen Sie ruhig an. Wir würden Sie gerne für die Bienen begeistern.

MATTHIAS MAIER, BERND HOFMANN, DIETRICH MAIER

TRINKWASSERGEWINNUNG

DER WALD ALS SCHÜTZENDES ÖKOSYSTEM FÜR DIE TRINKWASSERGEWINNUNG

Ohne den Wald als „Filter" wäre die Nutzung des Grundwassers im Gebiet des Hardtwaldes undenkbar. Eine der wertvollsten Waldfunktionen liegt in den Filter- und Reinigungseigenschaften von Waldböden. Insbesondere Schadstoffe aus der Atmosphäre werden herausgefiltert bzw. abgebaut. Der Wald besitzt somit eine Schlüsselfunktion im Schutz qualitativ hochwertigen Grundwassers, das als Trinkwasser genutzt wird.

Die Grundwasserqualität hängt in Waldgebieten entscheidend von der Bodenbeschaffenheit und der Mächtigkeit der schützenden Deckschichten ab, wobei Waldböden gegenüber anderen Nutzungsarten in der Regel die Versickerung von Niederschlägen erleichtern. Dabei wird das Regenwasser optimal gefiltert und gereinigt. Wesentliche Faktoren hierfür sind der Humusgehalt und die damit verbundene Vielfalt an Bodenorganismen sowie die intensive Wurzeltätigkeit. Um sich mit Wasser und Nährstoffen zu versorgen, verfügt ein ausgewachsener Laubbaum über ein 300 bis 500 Kilogramm schweres Wurzelwerk, das mehr als eine Tonne Humus und 50 Tonnen übrigen Mineralboden durchzieht, während in den obersten zehn Zentimetern eines Waldbodens pro Quadratmeter bis zu 50 Liter Niederschlagswasser zurückgehalten werden. Der von den Bäumen nicht benötigte Überschuss an Niederschlagswasser wird anschließend langsam an das Grundwasser abgegeben. Bei der Passage durch das Korngerüst des Unterbodens kommt das Niederschlagswasser in intensiven Kontakt mit dem vorhandenen Gestein. Je nach Entstehungsgeschichte des Grundwasserleiters erfolgt danach eine Verschiebung des pH-Wertes und des Kalk-Kohlensäuregleichgewichtes. Die Sande und Kiese im Einzugsgebiet der Karlsruher Wasserwerke führen dazu, dass das saure Niederschlagswasser mit einem pH-Wert zwischen 4,9 und 6,1 durch die Bodenpassage einen ausgeglichenen pH-Wert von 7,2 erhält.

Allerdings wird die effiziente Reinigungs- und Filterwirkung der Waldböden durch den Eintrag von Luftschadstoffen und die daraus resultierende allmähliche Versauerung des Oberbodens bedroht. Im Bereich der Karlsruher Wasserwerke konnte eine Zunahme der Versauerung mit der Tiefe und eine Abnahme der Kationenaustauschkapazität – und damit der Möglichkeit der Rückhaltung von Schwermetallen – festgestellt werden.

Die nachhaltige Bewirtschaftung von Waldgebieten mit den angrenzenden Grundwasservorkommen, die zu Trinkwasserzwecken genutzt werden, ist daher zum Schutz der Lebensgrundlage Wasser unverzichtbar. Dies erfordert eine umfangreiche Bestandsaufnahme der Waldbestände und der angrenzenden Schutzgüter sowie die Beobachtung möglicher Veränderungen durch eine Kopplung verschiedener Überwachungsmethoden. Der Einsatz von Datenbanksystemen in Verbindung mit geographischen Informationssystemen als Auswertungsinstrumente bietet hier eine verbesserte Identifizierung von Zusammenhängen bei der Beurteilung von Wechselwirkungen zwischen den wasserwirtschaftlichen Systemen und dem Wald.

Schutz der Wasservorkommen durch Wasserschutzzonen

Zum Schutz eines Grundwasservorkommens für die Trinkwasserversorgung können Wasserschutzgebiete ausgewiesen werden. Diese Zonen dienen ausschließlich dem Schutz von Wasservorkommen unter wasserwirtschaftlichen Gesichtspunkten. Allerdings darf nicht verkannt werden, dass Wasser- und Waldwirtschaft prinzipiell in vielen Bereichen kongruente oder auch komplementäre Umweltinteressen verfolgen. Die Ausweisung eines Wasserschutzgebietes bedeutet damit auch nachhaltigen Schutz für den Wald.

Sind große Flächen der Schutzzone von Wäldern bedeckt, so sind viele der Verbote des Regelwerkes obsolet, da in Waldgebieten in der Regel als einzige Nutzung nur eine extensive Forstbewirtschaftung durchgeführt wird. Bewaldete Gebiete sind daher mit den Anforderungen der Wasserschutzgebietsverordnungen hervorragend in Übereinstimmung zu bringen.

Einfluss des Waldbestandes auf die Grundwasserqualität

Neuere Publikationen weisen darauf hin, dass Laubwälder für den Schutz des Grundwassers die beste Ausgangsposition darstellen. Aus Sicht des Grundwasserschutzes wird nach diesen Ergebnissen Laub- und Mischwäldern gegenüber Nadelhölzern der Vorrang zu geben sein. Laubbäume verlieren im Herbst ihre Blätter, kämmen mit ihren Kronen deutlich geringere Stickstoffmengen aus der Atmosphäre als etwa die ganzjährig grünen Fichten und Tannen mit ihrer besonders großen Filterwirkung für Luftschadstoffe. Bedingt durch die kürzere Vegetationszeit verdunstet in Laubwäldern weniger Niederschlagswasser, sodass hier vor allem in Flachlagen mit minimalem Oberflächenabfluss mehr Grundwasser gebildet wird. Auf-

▸ Der Bau des Wasserwerks Hardtwald in den 60er Jahren

▸ DIE WALDKALKUNGEN WERDEN TEILWEISE MIT HUBSCHRAUBERN DURCHGEFÜHRT

grund der geringen Schadstoffanreicherungen und höheren Wassermengen enthält auch das Sickerwasser weniger unerwünschte Fremdstoffe. Laubbäume mit tiefreichenden Wurzelsystemen - wie etwa die Buche - binden über diesem Waldboden mehr Nitrat, weil sie Nährstoffe im Vergleich zu den eher flachwurzelnden Nadelhölzern entlang einer größeren Sickerstrecke aufnehmen.

DIE KARLSRUHER WASSERWERKE UND IHRE WALDGEBIETE – EIN ERFOLGREICHES WASSERGEWINNUNGSKONZEPT MIT TRADITION

Die Stadtwerke Karlsruhe betreiben insgesamt vier Wasserwerke, deren Einzugsgebiet durch Wasserschutzgebiete mit einer Gesamtfläche von 140 Quadratkilometern geschützt ist. Das älteste Wasserwerk, das Wasserwerk Durlacher Wald, stammt aus dem Jahre 1872 und wurde seinerzeit im „Rüppurrer Wald“ von Baumeister Robert Gerwig verwirklicht. Schon 1873 wurde dem Wasser eine gute Qualität bescheinigt. Im Jahr 1929 wurde dann das Wasserwerk Mörscher Wald in den Wälder zwischen Ettlingen und Mörsch und im Jahr 1965 das Wasserwerk Hardtwald in den Wäldern nördlich von Karlsruhe in Betrieb genommen. 1977 folgte schließlich das Wasserwerk Rheinwald. Die Wasserschutzgebietsfläche beträgt 47 Quadratkilometer, die zu 40 Prozent in bewaldeten Gebieten liegt.

Die maximal genehmigte Entnahmemenge beträgt für alle Wasserwerke zusammen 41,6 Millionen Kubikmeter pro Jahr. Dabei entfallen auf das Wasserwerk Durlacher Wald 6,5 Millionen Kubikmeter, auf das Wasserwerk Mörscher Wald 7,6 Millionen Kubikmeter, das Wasserwerk Hardtwald 10 Millionen Kubikmeter und das Wasserwerk Rheinwald 17,5 Millionen Kubikmeter pro Jahr.

Die Karlsruher Wasserwerke können auf eine lange Tradition der guten Zusammenarbeit zwischen Forst- und Wasserfachleuten zurückblicken. Da beide Naturräume - Grundwasser und Wald - unmittelbar aneinander grenzen und in ihrer Funktionstüchtigkeit voneinander abhängig sind, wurden in der Vergangenheit immer wieder gemeinsame Vorgehensweisen zu einer nachhaltigen Bewirtschaftung dieses Naturraumes zwischen Forst und Wasserwerken entwickelt.

Dem Schutz der Grundwasservorkommen und der Erhaltung der natürlichen Grundwasserqualität konnte durch die Zusammenarbeit oberste Priorität eingeräumt werden. Dies gilt beispielsweise für den Einsatz von Pestiziden zur Bekämpfung von Käferbefall in Waldgebieten, bei dem durch begleitende Untersuchungsprogramme (Überwachung der Luftschadstoffbelastung und die Verfrachtung der eingesetzten Wirkstoffe in den Oberboden) nachgewiesen werden konnte, dass keine Grundwasserbelastung entsteht. Auch bei der Verwendung von Belagsmaterial zum Aufbau der Tragschicht von Waldwegen war durch die gemeinsame Festlegung von Anforderungskriterien immer wieder ein grundwasserschonender Ausbau des Waldwegenetzes möglich. Die Notwendigkeit der Anlage von Holznasslagerplätzen wurde durch die Wasserwerke unterstützt, um sowohl Schadstoffeinträge in das Grundwasser als auch wirtschaftliche Schäden für die Forstwirtschaft zu minimieren. Durch die gemeinsame Anlage von Tiertränken konnte ein Beitrag zur Erhaltung des Lebensraumes von Waldtieren geschaffen werden. Bei der Sanierung von Bodenbelastungen (beispielsweise bei Schießplätzen) und Unfällen mit wassergefährdenden Stoffen (z. B. nach Tanklastzugunfällen) war eine Zusammenarbeit selbstverständlich. Dies gilt auch für die Arbeiten zur Ausweisung und Kontrolle von Wasserschutzgebieten, bei denen Grundwassermessstellen und Brunnen festgelegt und betrieben werden müssen. Einen besonders erfreulichen Aspekt stellt die Zusammenarbeit zwischen den Wasserwerken und der Forstverwaltung bei der Durchführung von öffentlichkeitswirksamen Veranstaltungen dar. Durch die Vernetzung gemeinsamer Veranstaltungen, wie beispielsweise die Anlage von Wasser- und Waldlehrpfaden, PR-Fahrradtouren und Tage der offenen Tür bzw. Tage des Waldes, wurden die Bürger auf die wichtige Funktion und die Zusammenhänge zwischen Grundwasserleiter und Wald hingewiesen. Dabei wurden auch präventive Maßnahmen zur Erhaltung des Waldes und der Grundwasserqualität, wie etwa Waldkalkungsmaßnahmen oder die Ausstattung der Waldarbeiter mit emissionsbegrenzenden Arbeitsmaterialien (beispielsweise Ölauffangmatten), durchgeführt.

Präventive Maßnahmen zum Schutz der Ökosysteme Grundwasserleiter und Wald am Beispiel des Wasserwerkes Hardtwald

Die Waldböden erfüllen eine wichtige Reinigungs- und Filterfunktion, indem sie Schadstoffe aus der Luft und aus dem Niederschlagswasser filtern. Dennoch waren bei der Auswertung der Entwicklung der Grundwasserqualität seit den 60er Jahren langfristige Tendenzen erkennbar. Beispielsweise wurde im geförderten Grundwasser des Wasserwerkes Hardtwald ein Anstieg des pH-Wertes um etwa 0,15 pH-Einheiten pro Jahr beobachtet. Darüber hinaus war eine Erhöhung der Calcium- und Sulfatkonzentrationen festzustellen. Um die Frage der Versauerung der Waldböden in Karlsruhe zu klären, wurde im Jahr 1993 durch die Universität Göttingen vom Institut für Bodenkunde und Waldernährung eine Studie der bodenchemischen Verhältnisse durchgeführt. Bei den Analysen wurde die Pufferkapazität (= die Menge an Säure, die zugegeben werden muss, um den pH-Wert eines Liters der Pufferlösung um eine Einheit auf der pH-Skala zu verändern) der Böden zur Bewertung der Mobilisierung von Schwermetallen untersucht, die in Folge der Bodenversauerung durch Niederschläge auftritt. Auf der Grundlage der Auswertung wurden vom Gutachter Prognoserechnungen zur Abschätzung der seinerzeit verfügbaren Pufferkapazität durchgeführt. Diese Berechnungen ergaben beispielsweise für das Einzugsgebiet des Wasserwerkes Hardtwald eine theoretische Pufferkapazität von lediglich drei Jahren. Zur Erhöhung der Pufferkapazität wurden vom Gutachter Waldkalkungsmaßnahmen vorgeschlagen. Unter dem Gesichtspunkt, dass ein gesunder Wald eine wesentliche Voraussetzung für eine gesunde Grundwasserversorgung darstellt, wurde dieser Vorschlag mit den zuständigen Forstämtern Karlsruhe, Karlsruhe-Hardt und Rastatt so wie mit der Forstdirektion Karlsruhe und der Forstlichen Versuchs- und Forschungsanstalt Freiburg besprochen. Hierbei wurde die Notwendigkeit der Maßnahmen von allen Beteiligten übereinstimmend festgestellt. Die für die Düngung vorgeschlagenen Flächen wurden in Zusammenarbeit mit den zuständigen Forstämtern festgelegt und decken sich größtenteils mit den Schutzgebieten der Wasserwerke Hardtwald und Mörscher Wald.

Da in der Literatur über die Zunahme der Wasserhärte und der Nitratkonzentrationen im Grundwasser nach

Waldkalkungsmaßnahmen berichtet wurde, erfolgten zur Erfassung eventueller Auswirkungen der Waldkalkung auf die Grundwasserqualität über einen Zeitraum von fünf Jahren im jährlichen Abstand an repräsentativen Grundwassermessstellen Grundwasserproben, die auf die Parameter der Trinkwasserverordnung untersucht wurden. In beiden Fällen war deutlich erkennbar, dass die Waldkalkungsmaßnahmen zu keiner Erhöhung der Nitrat- und Calciumkonzentrationen geführt haben. Alle Parameter lagen im Bereich der natürlichen Schwankung von Stoffen im Grundwasserleiter.

Zusammenfassung

Prinzipiell kann festgehalten werden, dass die Waldwirtschaft und die Wasserwerke gleiche Umweltinteressen verfolgen. Eine gesunde Trinkwasserversorgung ist nur in Verbindung mit einer stabilen und nachhaltigen Waldbewirtschaftung möglich. Dem steht eine nachhaltige Bewirtschaftung des Grundwasserleiters gegenüber, die nicht zu einer Schädigung der Vegetation führt.

Die Karlsruher Wasserwerke und die Forstverwaltung haben erkannt, dass eine langfristige gute Zusammenarbeit die Grundvoraussetzung für die Erhaltung der Waldfunktionen und der Grundwasserqualität ist. Nur so kann langfristig den Bürgern gutes, sauberes und sicheres Trinkwasser zur Verfügung gestellt werden. Deshalb wird auch zukünftig die enge Beziehung zwischen Forst- und Wasserwirtschaft im Sinne der Erhaltung unserer Lebensgrundlagen bestehen bleiben.

Wissenschaft & Forschung

CLAUS MATTHECK

DIE KÖRPERSPRACHE DER BÄUME

ERLÄUTERT VON STUPSI DEM IGEL UND PAULI DEM BÄR

Hallo Freunde,

ja, ihr habt richtig gehört, auch die Bäume haben eine Sprache, eine Körpersprache, mit der sie ihre Geschichte erzählen. Bäume lieben nämlich eine gleichmäßige Verteilung der mechanischen Spannungen, sie wollen weder lokal hohe Belastungen (Sollbruchstellen!) noch Materialvergeudung. Darum bauen sie an höher belasteten Bereichen mehr Material an. Und diese Reparaturanbauten sind Warnsignale in ihrer Körpersprache. Wer darin lesen kann, weiß, welcher innere Defekt dahinter ist. Wir werden aber auch sehen, dass fehlendes Dickenwachstum am Stammfuß darauf deutet, dass einfach nicht mehr genug Biomasse unten ankommt, dass also die Krone zu klein ist, und schließlich haben auch Pilzfruchtkörper eine Körpersprache. Sie können erzählen, wie viel Holz der Pilz im Bauminneren schon durch Fäule zersetzt hat. Es ist alles ganz einfach – folgt uns nach, folgt Stupsi und Pauli.

Wenn ein schiefer Baum immer schiefer wird, dann platzt ihm auf seiner oberen Seite die Rinde ab, oder man kann sie leicht mit der Hand ablösen. Manchmal ist die Oberseite ganz

nackt. Auf der Unterseite legt der Baum seine Rinde in Falten wie eine Ziehharmonika. Dort drückt es ihn richtig zusammen. Solche Bäume können umfallen, man darf dann nicht mehr unter ihnen spielen.

Wenn ein Baum innen einen Riss drin hat, baut er vor der Rissspitze eine Rippe. Wenn der Riss lang ist und immer wieder aufreißt, wird auch die Rippe immer länger, immer spitznasiger. Wenn dagegen der Riss von vielen Jahresringen verschlossen wird, sieht die Rippe eher rund aus, so wie die Nase von einer Bulldogge.

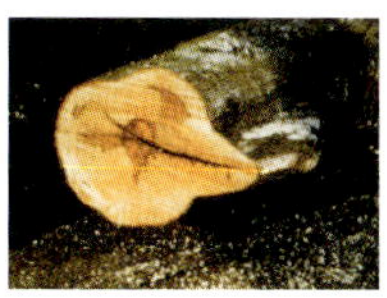

Manchmal haben die Bäume dicke Bäuche. Dann reparieren sie irgendeinen inneren Schaden. Wenn die Berandung ein weicher Übergang ist, dann ist meistens Fäule im Baum.

Wenn dagegen die Holzfasern ein bisschen gestaucht sind, dann bildet der Baum einen Bauch mit stufenartiger Berandung. Es sieht aus, als hätte er einen Schwimmring um. Das Holz heißt Wulstholz. So erzählen Bäume in ihrer Körpersprache, was ihnen fehlt. Die Methode für solche Baumkontrollen heißt VTA (Visual Tree Assessment). Das heißt auf Deutsch soviel wie: Sichtkontrolle.

Manchmal stupsen sich zwei Bäume immer öfter an. Dann wachsen sie dort dicker, und es sieht so aus, als würden sie sich küssen. Das kann bei Bäumen viele Jahre dauern – hihi. Manchmal wachsen sie dann auch richtig zusammen und füttern sich gegenseitig mit Wasser und Zucker – hmmm.

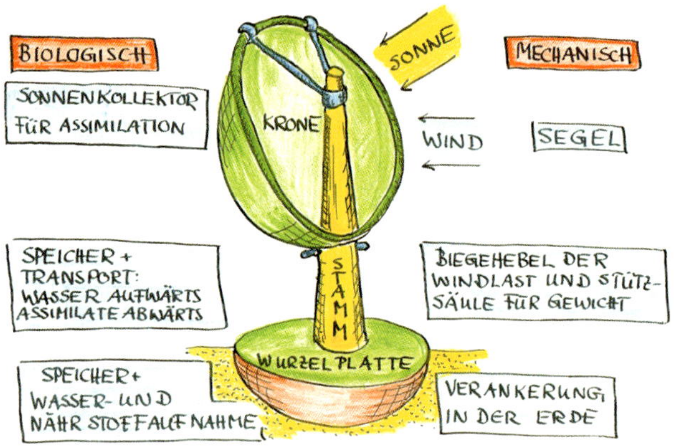

Ein Baum ist einerseits ein Lebewesen, das von den Wurzeln Wasser nach oben und von der Krone Assimilate nach unten leitet. Je länger der Transportweg, also der Stamm ist, umso schwieriger wird dies.

Andererseits ist der Baum auch wie ein Segelboot, und je länger der biologische Transportweg ist, desto länger ist auch der mechanische Hebelarm, an dem der Wind biegt. Wir werden aber gleich sehen, dass die Höhe des Baumstammes, also die Länge des Hebelarmes, allein kein Problem ist. Es kommt vielmehr darauf an, wie der Durchmesser nach unten zunimmt, wie „abholzig" der Baum also ist.

Dieses Bogenmodell für den Baum zeigt uns, was für ungeheure Kräfte eine Wurzelplatte aufnehmen muss. Wenn sie nämlich nicht da wäre, dann müsste unterirdisch ein zweiter Baum wie gespiegelt existieren. Die beiden Bäume bilden dann die Wurzelarme eines Jagdbogens. Deshalb darf man keine Wurzeln vom Baum abhacken. Das ist genauso, als wenn man den Bogen in der Mitte ansägen würde. Das kann nicht gut gehen! Besonders schlimm ist es, wenn man die Wurzeln auf der Zugseite abhackt, weil da die lose Erde nicht scherfest ist und die Wurzeln die Scherfläche verriegeln müssen.

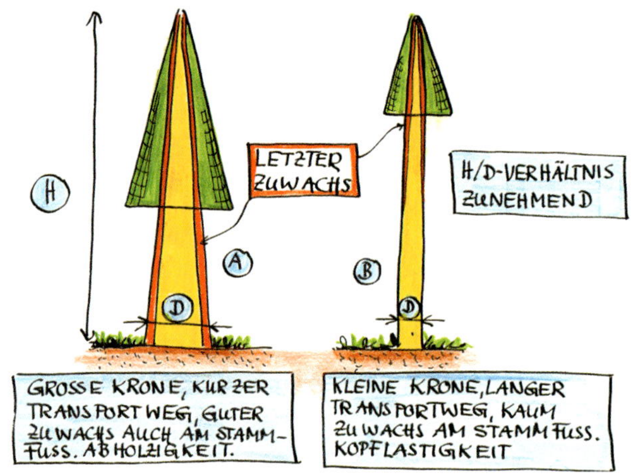

In Abbildung A ist die Krone groß genug und der Transportweg kurz genug, sodass unten noch ausreichend Assimilate ankommen. Der Stammfuß und die Wurzeln wachsen kräftig zu. Die konstante Spannungsverteilung kann mit reichlich Assimilaten „bezahlt" werden, und der Baum ist praktisch sicher, hat aber dennoch die natürliche Versagensrate gesunder Bäume bei einem Orkan. Ist der Baum aber sehr hoch und die Krone klein, dann sind nur oben die Jahresringe dick, unten aber dünn (Abbildung B). Das H/D-Verhältnis wird immer größer, der Baum immer kopflastiger und gefährlicher. Das unvorteilhaft hohe H/D-Verhältnis erkennt man auch ohne Messung schon daran, dass der vollholzige Baumstamm aussieht wie ein Zylinder und nicht wie ein Konus! Der Durchmesser D wird immer über den Wurzelanläufen gemessen, am besten in Brusthöhe.

DIE KÖRPERSPRACHE DER PILZFRUCHTKÖRPER

hat viel mit Mechanik zu tun. Die Pilze erzählen nämlich, wieviel Holz sie schon zersetzt haben und wie sehr die Festigkeiten oder Steifigkeiten des Holzes reduziert worden sind. Manchmal deuten sie auch an, wie die Fäule im Baum verteilt ist. Sie bezeugen oft auch, ob ein Unfall vorhersehbar war. Fast könnte man das „Forensische Mykologie" nennen!

Die mehrjährigen Pilzfruchtkörper erzählen in ihrer Körpersprache, wieviel unzersetztes Holz sich im Baum noch in ihrer Nähe befindet. Wächst der Pilzfruchtkörper noch kräftig zu, hat er noch genügend Holz (Abbildung A). Nehmen die Zuwächse immer mehr ab, dann geht das ihm zugängliche Holz aus (Abbildung B). Der Baum ist dort fast vollständig zersetzt. Die Größe des Fruchtkörpers spielt im Falle B keine Rolle, allein die letzten Zuwächse zählen. Pauli hatte auch mal viel zu essen und jetzt ist ihm nur noch ein Knochen verblieben – so ist das.
ACHTUNG, Auch im Falle A kann der Baum versagen. Genug Holz als Pilzfutter heißt nicht notwendigerweise genug Holz für einen sicheren Baum.

A B

A B

Franz Fiedler

Klimaforschung

Die Bedeutung des Hardtwaldes für unser Klima

Wir Menschen fühlen uns im Wald besonders wohl. Das thermische Milieu, das wir dort im Raum zwischen dem Erdboden und dem Kronenraum der Bäume antreffen, empfinden wir als besonders erfrischend, und wir können befreiend durchatmen. Die Reize des Waldes mit seinen variierenden und anregenden Lichtverhältnissen, dem steten Wechsel zwischen den durchdringenden Sonnenstrahlen und den Schattenzonen, mit dem durch den launigen Wind erzeugten Rauschen der Bäume, den ausgeglichenen Feuchteverhältnissen und den spezifischen Temperaturverhältnissen sind es, die uns ein angenehmes Gefühl vermitteln. Was macht das Waldklima aus, wodurch unterscheidet es sich vom Klima im freien Feld und worin besteht das Besondere des Hardtwaldes für das Klima im Oberrheingraben? Diese Fragen will der vorliegende Text beantworten.

Die Eigenschaften des Hardtwaldklimas

Betrachtet man den Hardtwald von oben, so erscheint er wie viele andere Wälder wesentlich dunkler im Vergleich zu den landwirtschaftlich genutzten Flächen. Das auftreffende Sonnenlicht wird vom Wald weniger stark reflektiert als von einem benachbarten Feld, da die Strahlung nach häufigen Reflexionen an den Oberflächen der Blätter, dem Boden und den Baumstämmen schließlich absorbiert, d.h. von den getroffenen Flächen aufgenommen wird. Der Wald nimmt dadurch mehr Strahlungsenergie auf als eine benachbarte, mit niedriger Vegetation bedeckte Feldfläche. Dies ist eine Folge des so genannten Lichtschachteffektes. Licht dringt in die Zwischenräume der Bäume ein und findet nicht wieder heraus. Die Energie, die der Wald so aufnimmt, verteilt sich aber über einen wesentlich größeren Raum – vom Boden bis zum Kronendach – und nicht wie beim Feld auf eine sehr flache bewachsene Fläche. Deshalb ist die Oberflächentemperatur des Waldes geringer, sodass vom Wald weniger Energie durch Ausstrahlung an die darüber liegende Atmosphäre abgegeben wird. Die durch Strahlung aufgenommene Energie muss der Wald jedoch in gleicher Menge wieder abgeben, wenn er nicht im Laufe der Zeit sich ständig erwärmen soll. Hierfür sind einesteils die mit der thermischen Konvektion verbundenen Wärmeströme verantwortlich. Weil jedoch die Temperaturen an der Oberkante des Waldes nicht so hoch sind wie über dem freien Feld, sind diese konvektiven Wärmeströme über dem Wald eher kleiner. Dafür ist jedoch der Wärmetransport, der mit dem Abtransport des Wasserdampfes verbunden ist, im allgemeinen über dem Wald größer. Wasser wird unter erheblichem Energieverbrauch im Waldbestand, an den Blattoberflächen und am Erdboden zu Wasserdampf umgewandelt und schließlich als latente Energie durch den Wasserdampf abgeführt.

Die hauptsächliche Energieumsatzfläche stellt der äußere Kronenraum der Bäume dar. Darunter ist die Turbulenz stark verringert, sodass es wegen des geringeren Abtransports zu einer stärkeren Anreicherung der Luft mit Wasserdampf kommt. Im Vergleich zu den umliegenden Feldern findet sich daher im Wald eine höhere Luftfeuchte. Der Wasserdampfgehalt ist demnach im Wald am Nachmittag höher als in der Umgebung.

▸ Ein Regenbogen erstreckt sich über dem Hardtwald

Nach stärkeren Niederschlägen, wenn zusätzlich zum gesättigten Boden ein Teil des Niederschlags von den Blättern aufgefangen wird (Interzeption) und ein kleiner Teil an den Stämmen abfließt, erreicht die Luft im besonnten Waldbestand so hohe Feuchtewerte, dass über dem Kronenraum Nebelschwaden als Zeichen der Wasserdampfsättigung dahinziehen.

Zu den wichtigsten Einflüssen, die der Wald auf die lokalen klimatischen Bedingungen ausübt, gehört die Abschwächung des Windes. Damit ist eine starke Reduzierung der Böigkeit verbunden. Der Wind, der über die Wipfel streicht, wird am stärksten im Kronenraum abgebremst und nimmt bis in den mittleren Stammraum wieder etwas zu, bis er dann mit der weiteren Annäherung an den Erdboden wieder schwächer wird. Im Waldinneren findet man höchstens – abhängig von der Baumdichte noch zehn bis 30 Prozent der über dem Wald auftretenden Windgeschwindigkeit.

Häufig werden Ausgleichsströmungen aufgrund von Temperaturunterschieden zwischen dem Waldgebiet und den umliegenden freien Flächen für bedeutsam angesehen. Solche thermischen Ausgleichsströmungen sind jedoch sehr schwach und durch Messungen nur schwer nachweisbar. Sie besitzen daher für die klimatische Ausgleichswirkung zwischen dem Hardtwald und dem Stadtgebiet von Karlsruhe nur eine geringe Bedeutung. Die über die ungleichmäßige Baumwipfelverteilung nach unten durchgreifenden Windeinflüsse sind wesentlich stärker als diese thermischen Windsysteme.

Schutzschild gegen Schadstoffe

Neben den strahlungs-, temperatur-, feuchte- und windspezifischen Besonderheiten des Waldes ist vor allem die Luftqualität ein Gradmesser für den Erholungsfaktor. Bäume und Pflanzen setzen viel Sauerstoff frei. Die Luft besteht bis in nahezu 100 Kilometer Höhe konstant aus 21 Prozent Sauerstoff, der neben dem Stickstoff mit 78 Prozent der wichtigste Bestandteil der Luft ist. Wegen des hohen Sauerstoffgehalts kommt es bei einem Waldeinschlag nicht zu einer messbaren Sauerstoffveränderung. Die Vermischung der Luft ist stets so groß, dass infolge der Nachlieferung von Sauerstoff aus den darüberliegenden Höhenschichten die Konzentration mit 21 Prozent stets aufrechterhalten wird. Die Qualität der Luft wird – wie in ähnlicher Weise auch in Innenräumen von Gebäuden – entgegen der häufig geäußerten Meinung nicht vom Sauerstoffgehalt beeinflusst.

Der Wald ist die Quelle einer Reihe von Spurenstoffen und Duftstoffen wie Terpenen und ätherischen Ölen, wodurch die besonders gesunde Form der „Riechatmung“ ausgelöst wird.

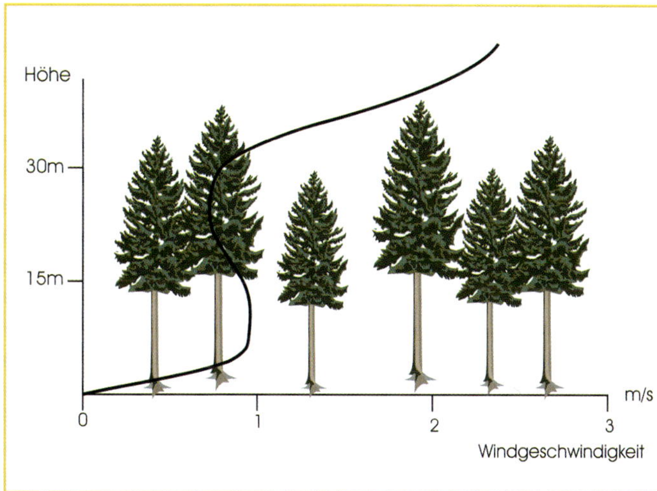

► Die Windgeschwindigkeit wird in der Baumkrone am stärksten abgebremst

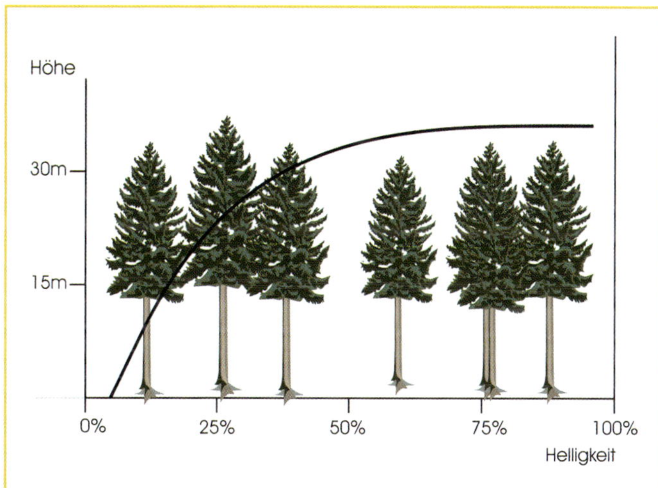

► In dichtem Waldbestand gelangt nur wenig Sonnenlicht bis an den Erdboden

▸ Bizarr geformte Baumkronen verdecken den Blick zum Himmel

Die weit verbreitete Vorstellung, dass Waldluft, im Vergleich zur „schlechten" Luft in der Stadt, besonders sauerstoffreich sei, ist daher nicht zutreffend. Es liegt lediglich an den Reizen der Spurenstoffe, die den Menschen dazu veranlassen, tiefer durchzuatmen und auf diese Weise mehr Sauerstoff aufzunehmen, als in einer mit Verunreinigungen angereicherten „schlechten" Luft, beispielsweise in ungelüfteten Innenräumen.

Die im Wald anzutreffende „bessere" Luftqualität beruht demnach nicht auf einem höheren Sauerstoffgehalt, sondern in erster Linie auf den positiven Reizeigenschaften der wohlriechenden Spurenstoffe und auf dem Fehlen von Schadstoffen aus industriellen Verbrennungsprozessen. Die in den höheren Luftschichten herantransportierten Luftschadstoffe und Staubpartikel werden vom Kronendach wie von einem Schutzschild in erheblichem Maße zurückgehalten und dringen nur in stark abgeschwächter Form bis in den Stammraum des Waldes vor.

Der Hardtwald als Luftfilter

Der Hardtwald besitzt für die klimatischen Bedingungen des Oberrheingrabens bei Karlsruhe eine wichtige Funktion. Das lokale Klima ergibt sich immer aus der Überlagerung der Einflüsse, die von der Erdoberfläche an dem betreffenden Punkt auf die Atmosphäre ausgeübt werden, und den Bedingungen, die durch Herantransport von Luft mit unterschiedlichen Wärme- und Feuchtebedingungen geschaffen werden. Je größer eine Waldfläche ist, desto ausgeprägter kann sich ein einheitliches Wärme- und Feuchtemilieu ausbilden. Der Wind transportiert die Waldluft mit ihren spezifischen Eigenschaften in die angrenzenden Feld- und Stadtbereiche und mildert so die in stark bebauten Gebieten typischen Stadtklimabedingungen. Die ausgedehnte Fläche des Hardtwaldes im Norden von Karlsruhe bietet eine günstige, von größeren Rauchquellen freie Überstreichfläche für die herangeführte Luft, sodass dieser kaum zusätzliche verunreinigende Substanzen zugeführt werden. Stattdessen stellt der Wald eher ein Ablagerungsgebiet für schädigende Substanzen dar, die in städtischen und industriellen Gebieten freigesetzt werden.

In nahezu der Hälfte eines Jahres weht der Wind aus Norden, den Hardtwald überstreichend, auf das Stadtgebiet von Karlsruhe zu. Die bodennahe Luft wird dadurch von den Bedingungen des Hardtwaldklimas beeinflusst, das dafür verantwortlich zeichnet, dass die Luft mit nicht ganz so hohen Temperaturwerten auf das Stadtgebiet zuströmt, als es bei vorgelagerten landwirtschaftlich oder industriell genutzten Flächen der Fall wäre. Dies macht sich besonders bei extremen Wetterlagen bemerkbar. Hier übt der Wald einen ausgleichenden Einfluss aus. Tagsüber steigt die Temperatur nicht so stark an und sinkt andererseits während der Nacht nicht ganz so tief ab. Der Wind transportiert die entstandene „gemäßigte" Luft zur Stadt hin. Dieser ständig auftretende Transporteffekt, der durch die großräumigen Bedingungen gesteuert wird, ist weit bedeutungsvoller als etwa die seichten und extrem schwachen, von den Temperaturunterschieden zwischen Stadt und Wald direkt angetriebenen Flurwinde. Je größer die Ausdehnung eines Waldgebietes ist, desto weiter reicht auch sein Einfluss auf das umliegende Gebiet. Insofern lässt sich auch nachweisen, dass der Hardtwald bei Südwind seinen mäßigenden Klimaeinfluss bis in den Kraichgau hinein ausübt; bei Nordwind bis südlich über Karlsruhe hinaus. Da die Strömung im Oberrheingraben, aufgrund der seitlichen Gebirge im Westen und Osten, sehr stark in Nord-Süd-Richtung kanalisiert wird, stellt der Hardtwald eine wichtige Einflusszone für den mittleren Teil des Oberrheingrabens dar.

Trotz dieser bedeutenden, weit wirkenden Einflüsse des Waldes, gewinnt der Mensch von den Klimabedingungen dann am meisten, wenn er den hochgewachsenen, von einem nahezu geschlossenen Kronendach überdeckten Stammraum betritt. Das Klima, das sich hier ausbildet, ist der am deutlichsten spürbare Effekt, den der Erholungssuchende direkt im Wald erfährt.

MANFRED BOETTGER

DIE GEOLOGIE DES HARDTWALDES

GEOGRAPHISCHE LAGE, GEWÄSSER, KLIMA

Mitteleuropa wird auf relativ engem Raum von einer Vielzahl ganz verschiedener Landschaftstypen geprägt: Mittelgebirge, Hügelländer, mehr oder weniger ausgedehnte Ebenen. In Südwestdeutschland ist es die Oberrheinebene, die mit einer Nord-Süd-Erstreckung von ca. 300 Kilometern zwischen Basel und Frankfurt und einer Breite um 35 Kilometer als junge Landschaft sehr markant in Erscheinung tritt. Im mittleren Bereich der Ebene, östlich des Rheins, liegt der Hardtwald mit Karlsruhe im Zentrum. Er endet ohne scharfe Grenzen im Norden etwa bei Schwetzingen und im Süden etwa bei Rastatt.

Die topographischen Höhen liegen hier zwischen ca. 100 (Rheinaue) und 120 Metern über NN (Niederterrasse). Die östliche Grenze der mittleren Oberrheinebene zum Schwarzwald (Höhen bis über 900 Meter über NN) und mit allmählichem Übergang zum Kraichgau im Norden (bis ca. 250 Meter über NN) ist durch eine ziemlich gerade, geologisch bedingte Geländestufe festgelegt.

Die Entwässerung des weiteren Hardtwaldgebietes erfolgt aus östlicher Richtung durch die weitgehend kanalisierten Bäche und Flüsse: Murg, Alb, Pfinz, Walzbach, Saalbach, Kraichbach und Leimbach im Norden. Deren Wasserführung schwankt jahreszeitlich in Abhängigkeit von den Niederschlägen und den wechselnden Durchlässigkeiten des Untergrundes.

Der westliche Rand der Oberrheinebene liegt im Regenschatten von Pfälzer Wald und Vogesen, der östliche Rand im Staubereich von Odenwald und Schwarzwald. Die Kraichgausenke dagegen hat mit ihrem niedrigen Relief nur eine geringe Stauwirkung. Daraus resultieren beträchtliche Unterschiede in den Jahresniederschlägen unserer Region. Nördlich von Karlsruhe, im Raum Mannheim, werden mit ca. 600 Millimeter die niedrigsten Werte gemessen. Nach Süden hin, im Raum Rastatt, nehmen die mittleren Jahresniederschlagsmengen am Schwarzwaldrand bis auf über 900 Millimeter zu. Die Niederschläge fallen zu über 94 Prozent als Regen im Hardtwaldbereich.

Die Oberrheinebene gehört zu den wärmsten Gebieten Deutschlands mit einer mittleren Jahrestemperatur von über 9° C. Im Januar, dem kältesten Monat, liegt die Durchschnittstemperatur im langjährigen Mittel noch über 0° C, im Juli, dem wärmsten Monat, bei 19° C. Dementsprechend lang ist die Vegetationsperiode. Dieses relativ milde Klima der Region begünstigt eine Reihe von Sonderkulturen wie Spargel oder Tabak.

GEOLOGISCHER AUFBAU UND LANDSCHAFTSENTWICKLUNG DER REGION

Überblick

Das Erscheinungsbild einer natürlichen Landschaft hängt von verschiedenen Faktoren ab. Entscheidend ist stets die geologische Geschichte des Untergrundes. Drei Aspekte sind dabei zu berücksichtigen:

- Die Art und die Entstehung der anstehenden Gesteine: Wie wurden sie gebildet, wie ist ihre räumliche Ausdehnung, wie ist ihr Verwitterungsverhalten?
- Die Bewegungsvorgänge, vertikal und horizontal, die zur Umgestaltung der oberen Erdkruste in einem bestimmten Gebiet führen.
- Die Einwirkung der vom Klima gesteuerten äußeren Kräfte auf den Untergrund: die Verwitterungsvorgänge der Gesteine, Schaffung der Oberflächenformen im Laufe von Jahrmillionen.

Bezogen auf unsere Region lässt sich feststellen, dass sich hier eine strenge geologische Zweiteilung ergeben hat: der Festgesteinsbereich des Nordschwarzwaldes und des Kraichgaus und der Oberrheingraben mit einer mächtigen Lockergesteinsbedeckung aus der jüngsten geologischen Vergangenheit. Bei den Festgesteinen handelt es sich um Bildungen vom Rotliegendzeitalter (vor ca. 290 Millionen Jahren) bis zum Jura (vor 150 Millionen Jahren) mit einem Sedimentstapel von über 1 200 Metern Mächtigkeit aus Sandsteinen, Kalken, Mergeln, Tonen wie auch anderen Materialien. Dieses Gesteinspaket wurde im Oberrheingraben ca. 3,5 Kilometer tief versenkt und bildet die Basis der jüngeren Gesteine, die Grabenfüllungen der Tertiär- und Quartär-Zeit.

Entstehung des Oberrheingrabens – Ein erdgeschichtlicher Steifzug

Südwestdeutschland war ab dem Weißjura (Malm), die gesamte Kreidezeit bis in das ältere Tertiär, Festland (siehe nebenstehende Tabelle). Unter feuchtwarmen Klimabedingungen vollzogen sich flächenhafte Abtragungsvorgänge, bis sich in unserem Raum der Einbruch des großen Grabensystems anbahnte. Ermöglicht wurde die Einsenkung durch Nord-Süd-gerichtete Spannungen in der Erdkruste, die zu Ost-West-Dehnungen und damit zur Bildung von tiefreichenden Dehnungsfugen (Störungen) führten. Diese tektonischen Vorgänge sind im Zusammenhang mit geodynamischen Prozessen außerhalb unseres Gebietes zu sehen, wie z. B. die Gebirgsbildung der Alpen.

Zeitalter	Epoche	Alter in Jahren		Ereignisse im Oberrheingebiet (vereinfacht)	
Quartär	Holozän (früher: Alluvium)	12.000	Einsenkung des Oberrheingrabens – Füllung mit verschiedenen Sedimenten	• *Rheinauebildung* • *Moore*	Kinzig Murg-Rinne
Quartär	Pleistozän (früher: Diluvium) Eiszeiten mit Zwischeneiszeiten	2,6 Mio.		• *Löß, Dünen* • *Aufschotterung der Oberrheinebene in ausgedehnter Flusslandschaft (fluviatile Sedimente) z. T. Seen*	heutiger Rhein
Tertiär	Pliozän	5 Mio.		• *Abtragung*	
Tertiär	Miozän	24 Mio.		• *Süßwasserablagerungen*	
Tertiär	Oligozän	34 Mio.		• *Meeresbedeckung (marine Sedimente u. Salze)*	
Tertiär	Eozän	55 Mio.		• *Seenlandschaft (limnische Sedimente)*	
Tertiär	Paläozän	65 Mio.			
Kreidezeit →				***Festland u. Abtragung***	

▸ ZEITTAFEL DER WICHTIGSTEN GEOLOGISCHEN EREIGNISSE IM OBERRHEINGEBIET

Tertiär

Die wichtigsten Ereignisse im zeitlichen Ablauf der über 50 Millionen Jahre währenden Grabenbildung am Oberrhein sind in der nebenstehenden Tabelle zusammengefasst. Danach setzten die Einsenkungen (Subsidenzen) im Eozän zögerlich ein und schufen eine Seenlandschaft mit Gesteinsanlieferung durch Flüsse (limnisch-fluviatiles Milieu). Später verstärkten sich die Subsidenzen im Graben sowie die Heraushebung der Grabenschultern. Von Süden drang das Meer vor und hinterließ vom Obereozän, die Oligozänzeit hindurch bis ins Miozän marine Ablagerungen mit Übergängen zu Sedimentabfolgen, die im weniger salzigen Milieu (Brackwasser) und in Süßwasserseen entstanden. Die erbohrten Gesamtmächtigkeiten liegen bei über 2 500 Metern. Durch Hebungsvorgänge war das Gebiet dann im Miozän lange Zeit Festland. Danach folgte eine Phase der Abtragung im mittleren Oberrheingraben bis zum jüngsten Tertiär, dem Pliozän. Durch die bis heute anhaltende Einsenkung des Oberrheingrabens herrschte in der ausgedehnten Flusslandschaft des Urrheins fluviatile Sedimentation vor. Dies führte zu mehreren 100 Meter mächtigen, vorwiegend sandigen, zum Teil kiesigen Ablagerungen.

Im Einzelnen sind die Vorgänge im gesamten Oberrheingraben sehr unterschiedlich abgelaufen, da sich die Vertikalbewegungen in den einzelnen Teilbereichen unterschiedlich schnell vollzogen, sodass im Untergrund ein kompliziertes Schollenmosaik mit stark wechselnden Gesteinsmächtigkeiten entstanden ist. Die Geologen sprechen von Fazies-Veränderung mit groben Ablagerungen am Grabenrand (Konglomerate) und Sand-Ton-Sedimente zum Grabeninneren hin (vgl. Abbildung S. 84).

Quartär

Die Großformen Südwestdeutschlands waren im Tertiär geschaffen worden. Die Landschaft, gerade im Raum Karlsruhe, erhielt aber erst durch die geologischen Vorgänge im Quartär ihr eigentliches Gesicht. Zwei Ereignisse bestimmten weitgehend das Geschehen in den letzten 2,6 Millionen Jahren:

- Der verstärkt einsetzende Aufstieg der Grabenschultern (die Hebungsgebiete Schwarzwald-Vogesen-Odenwald, weniger der Kraichgau und Pfälzer Wald) und weitere Absenkungen im Graben.

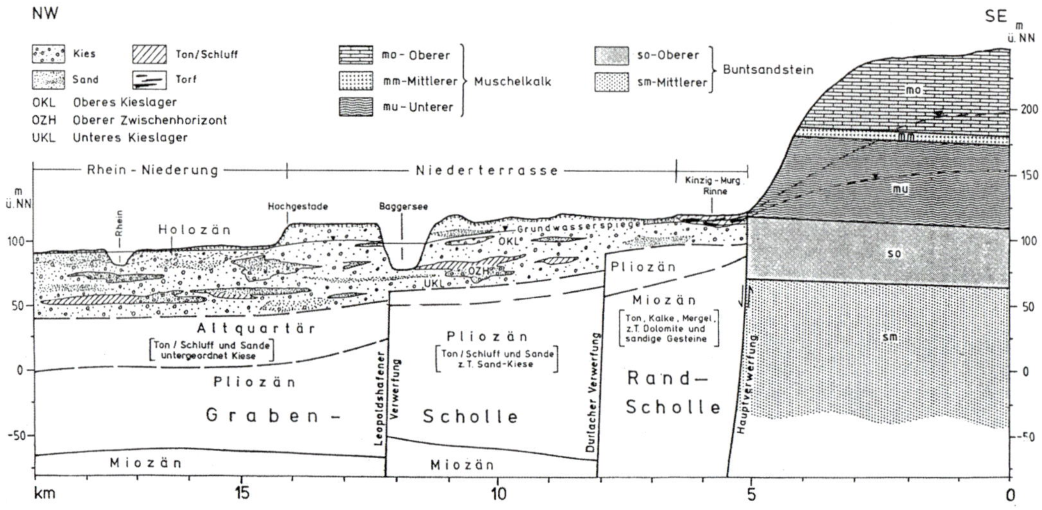

► Schematisiertes geologisches Profil (stark überhöht) durch den östlichen Oberrheingraben mit dem Übergang zum Festgesteinsbereich bei Karlsruhe. Der Hardtwald liegt auf der Niederterrasse

- Das Einsetzen weltweiter Klimaverschlechterungen, was insgesamt zu mehreren Kaltzeiten (Eiszeiten, Glaziale) mit zwischengeschalteten Warmzeiten (Interglaziale) führte.

Die bisher bestehende Kaiserstuhl-Wasserscheide konnte durch Senkung des südlichen Oberrheingrabens vom Urrhein überwunden und die Verbindung zum Aare-Alpenrhein-Flusssystem hergestellt werden. Dieser damals entstandene heutige Rheinlauf ermöglichte es von nun an, in großem Umfang Gesteinsmaterial aus dem Alpenraum nach Norden zu transportieren. Gleichzeitig führten die seitlichen Zuflüsse des Rheins verschiedenes Abtragungsmaterial (Gesteinsschutt) von den Hebungsgebieten (Schwarzwald usw.) heran. Die extremen Klimabedingungen während der Eiszeiten haben die Verwitterungsvorgänge beschleunigt und so die Bereitstellung von „Nachschub" für den Transport mit den Schmelzwassermassen in die Sedimentfalle Oberrheingraben gesichert. Die altpleistozänen Ablagerungen sind noch feinkörnig (Sand, Schluff, Ton) und präglazial (voreiszeitlich) einzustufen. Während der Eiszeiten kamen mit den verstärkt abfließenden Schmelzwässern aus den Alpen und zum Teil aus dem Feldberggebiet Sande und Kiese (Kieslager), in den wärmeren Perioden vorwiegend Sande und feineres Material (Zwischenhorizonte) zur Ablagerung. Die Mächtigkeiten der quartären Lockergesteine schwanken zwischen etwa 15 und über 380 Metern bei Heidelberg. Für den Bereich des Hardtwaldes vermittelt die obenstehende Abbildung eine Vorstellung vom geologischen Aufbau des Untergrundes. Die unterschiedliche räumliche Ausdehnung der Sedimentkörper erklärt sich aus dem Wechselspiel von sehr unterschiedlichen Senkungsraten vieler einzelner Graben- und Grabenrandschollen und den ausgeprägten Klimaschwankungen mit ihren Auswirkungen auf das Sedimentationsgeschehen.

Den Antransport und die Ablagerung der verschiedenen Lockergesteine muss man sich in einem breit angelegten Flusssystem vorstellen – über die ganze Rheinebene – mit einer Vielzahl von weit verzweigten Flussarmen und Mäandern. Je nach Wasserführung und Gefälle verlagerten sie ständig ihre Rinnen (im geologischen Zeitmaßstab) als Folge linearer Erosion und horizontaler Sedimentation. Das eiszeitliche Klima verhinderte das Aufkommen von Vegetation auf den ausgedehnten Niederterrassenflächen. So konnten bei vorherrschenden Südwestwinden die Feinbestandteile in Trockenzeiten ausgeblasen werden. Einerseits war es der Löss, der als Gesteinsstaub (Korngröße < 0,1 Millimeter) nach Osten verfrachtet wurde (Lösslandschaft im Kraichgau), zum anderen war es der Flugsand (Korngröße < 0,5 Millimeter), der gerade auch in der Hardtwaldregion größere Areale als Decken oder auch als Dünen mit bis zu über zehn Metern Höhe einnimmt, wie etwa das Sandhausener Dünenfeld, das auch heute noch im Gelände erkennbar ist. Weitere Dünen lassen sich an den Bodenwellen auf Wegen erkennen, zum Beispiel auf der Grabener Allee.

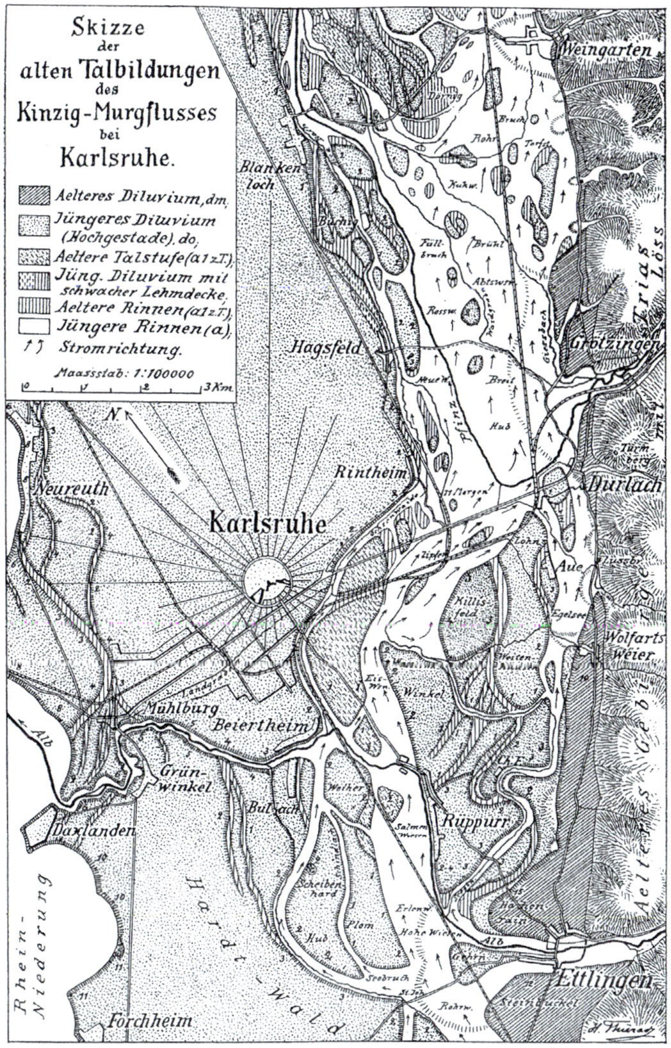

▸ Die Talbildungen des Kinzig-Murg-Flusses bei Karlsruhe vor einigen 1000 Jahren. Quelle: Thürach 1912

Nach dem letzten Glazial, der Würmeiszeit (Ende vor ca. 12 000 Jahren), verringerten sich die Schmelzwassermassen der Alpengletscher. Der Rhein engte seinen Wirkungsbereich ein und schuf durch Breitenerosion und Umlagerung des vorliegenden Sedimentmaterials die Rheinaue von ca. vier bis sechs Kilometern Breite. In ihr wurden im Holozän bis zu zehn Meter mächtige Sande und Kiese abgelagert. Diese Rheinniederung wird von der älteren Niederterrasse durch einen fünf bis zehn Meter hohen Erosionsrand, dem Hochgestade, deutlich abgegrenzt (siehe nebenstehende Abbildung). Eine sedimentologische Sonderentwicklung vollzog sich am östlichen Rand des Rheingrabens in der Kinzig-Murg-Rinne, die südlich von Offenburg beginnt und nach Norden bis nach Heidelberg zu verfolgen ist. Bis vor ungefähr 2 000 Jahren bestand unweit des Grabenrandes ein mehrere Kilometer breiter Fluss, ein Randfluss, der dem Rheinlauf parallel verlief. Etwa vier bis zehn Meter mächtige Rinnensedimente – hauptsächlich dunkler Schlick, reich an organischem Material, Schluff und Sand sowie Torf – bildeten sich dann im Zuge des Verlandungsprozesses. Das heutige Weingartener Moor gibt uns eine Vorstellung von dem einstigen Versumpfungsgebiet. Die starke Verzweigung und Ausdehnung der Kinzig-Murg-Rinne im Karlsruher Raum ist der nebenstehenden Abbildung zu entnehmen.

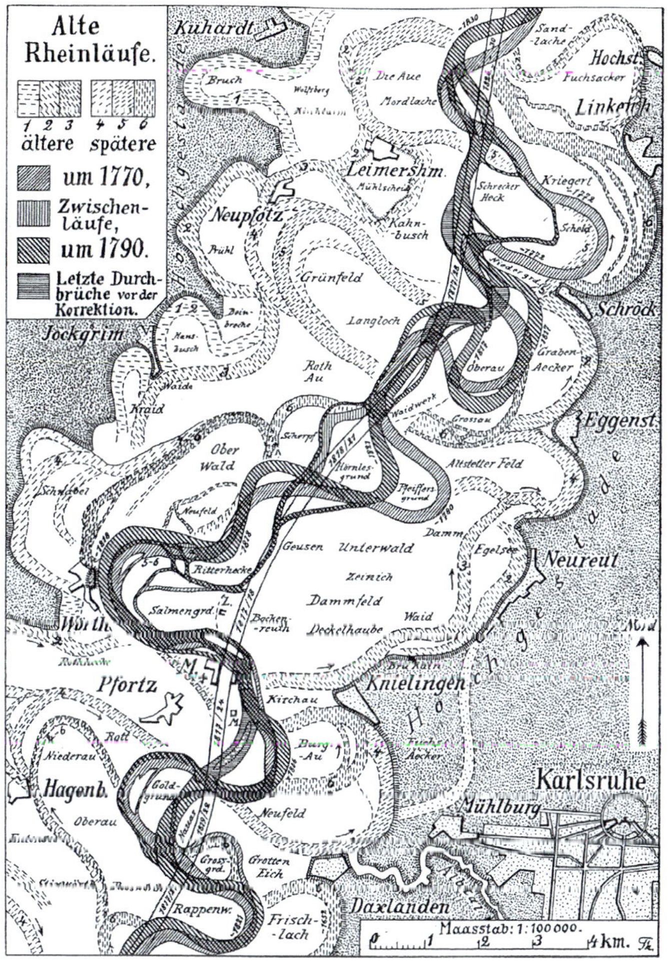

▸ Die Veränderungen des Rheinlaufes mit seinen Mäandern (Flussschlingen), die zeitlich unterschiedlich verlandeten, und der heutige Rheinverlauf nach der Korrektur von Tulla. Quelle: Thürach 1912

Kunst und Holz

Manuela Ganz

Kunstobjekte und Naturinstallationen

Kreativ im Hardtwald – Die Majolika Manufaktur Karlsruhe

Die Natur ist in ihrer Vielfalt unerschöpflich und inspirierend. Bizarre Baumformen und an märchenhafte Wesen erinnernde Baumgestalten regen seit jeher die menschliche Fantasie an. Immer wieder finden sich für den Betrachter Waldgebiete, die als besonders schön, interessant und damit erholsam empfunden werden. Der Karlsruher Hardtwald, auch die „grüne Lunge" der Fächerstadt genannt, gilt durch seine Ausdehnung, seine Lage und seine Vielfalt an Tieren und Pflanzen in Deutschland als einzigartig.

Ebenso außergewöhnlich ist dort auch die Vernetzung von Natur, Wald und Kunst. Inmitten dieses weitläufigen Erholungsgebietes liegt Deutschlands einzige Keramik-Manufaktur, die alle politischen und wirtschaftlichen Krisen des letzten Jahrhunderts überstand und auch heute noch produziert. Ausgehend vom Erneuerungsgedanken des Jugendstils 1901 gegründet, geprägt vom freien Geist des Malers Hans Thoma und des italienisch inspirierten Keramikmeisters Wilhelm Süs, war und ist die Majolika Manufaktur Karlsruhe auch heute stets Förderin neuer kreativer Strömungen im Zeichen traditioneller Keramikkunst. Eine Pionierrolle, die bereits drei Jahre nach ihrer Gründung, im Jahre 1904, mit dem Grand Prix der Weltausstellung in St. Louis ausgezeichnet wurde. 1919 ging die Majolika in den Besitz des badischen Staates über. 1927 folgte die Na-

▸ Der Blaue Strahl führt schnurgerade vom Schloss zur Majolika-Manufaktur

▸ Die „Thoma-Kapelle“ in der Staatlichen Kunsthalle Karlsruhe wurde 1909 zu Ehren des Malers mit Majolika-Kacheln und Hardtwald-Holz gestaltet

mensänderung in „Staatliche Majolika Manufaktur Karlsruhe AG“. Seit 1998 ist die Landesbank Baden-Württemberg alleinige Gesellschafterin der Keramik-Manufaktur.

Aufgrund der Verknüpfung von Kunstförderung und wirtschaftlichem Unternehmen, hohem künstlerischen Anspruch und erfolgreichem Manufakturbetrieb, gilt die Majolika gegenwärtig als bedeutende, lebendige Kunst- und Kulturinstitution. Die Devise „Aus Tradition lernen und gleichzeitig neue Wege gehen“ bildet die Grundlage für die unverwechselbaren kunstkeramischen Kreationen, erlesenen Unikate, limitierten Editionen nach Entwürfen namhafter Künstler und Künstlerinnen, herausragenden Baukeramiken und stets von Hand gefertigten Serienkeramiken.

Inspiriert vom romantischen und naturnahen Standort findet sich in zahlreichen Majolika-Objekten und einzelnen Produkten, insbesondere der Reihe „Gartenkeramik“, das Thema „Wald“ wieder. Tierfiguren wie Hasen, Vögel sowie das weltweit gefeierte Reh von Else Bach, das in den 1950er Jahren als Filmpreis „Bambi“ Geschichte machte und das sich noch heute im Majolika-Sortiment befindet, gehören zu den traditionellen Majolika-Entwürfen. Daneben beschäftigt sich die langjährige Majolika-Künstlerin Eva Fritz-Lindner bereits seit über 50 Jahren mit phantasievollen und oft skurrilen Tierfiguren, die in der Majolika bereits zu den Klassikern zählen. Ein eindrucksvolles Beispiel im Bereich Baukeramik ist die Anfang des 20. Jahrhunderts entstandene Wandgestaltung mit Hirschmotiv am Försterhaus im Ahaweg.

Auch in heutiger Zeit wird die ruhige und urwüchsige Umgebung der Majolika zur Ideenquelle der in den Majolika-Ateliers arbeitenden Künstler. Originelle Wesen bevölkern Schalen und Vasen von Raymond Waydelich oder Christine Schlegel, goldene Schmetterlinge werden von Edith Baerwolff auf türkisfarbenen Glasur-Grund gesetzt, und Emil Wachter verarbeitet sein Lieblingsmotiv, den Vogel, in zahlreichen Keramikplastiken sowie auf Wandtellern, Platten oder Medaillons aus der Majolika. Darüber hinaus ist es der Künstlerin Patricia Blum gelungen, ihre in Zusammenarbeit mit der Majolika realisierte Kunstinstallation „Mundwerk" im Karlsruher Hardtwald auf einzigartige Weise in die Waldlandschaft zu integrieren und somit die Attraktivität dieses Naturraums zu steigern.

Trotz der zurückgezogenen Lage der Majolika Manufaktur im Karlsruher Hardtwald steht das Motto „Neue Wege gehen" im Mittelpunkt der Majolika-Philosophie. So entstand im Jahr 2001 zum 100-jährigen Geburtstag der Manufaktur ein Wahrzeichen, das für die Öffnung und Innovationsfreude der Majolika steht und gleichzeitig das größte Keramik-Kunstwerk der Welt ist. Als fantasievolle Erweiterung des Karlsruher Fächergrundrisses führt der „Blaue Strahl" über 1645 blau glasierte Majolika-Keramikplatten vom Schlossturm durch den Karlsruher Schlossgarten zur Majolika Manufaktur im Hardtwald und lädt ein, neue Wege zu gehen.

► HIER HAT SICH DIE KÜNSTLERIN VEREWIGT

Das „Karlsruher Mundwerk" von Patricia Blum

Das Lieblingsmotiv der Karlsruher Künstlerin Patricia Blum ist der Zahn. Das in der Kunst eher ungewöhnliche Thema fasziniert sie seit Jahren und wird von ihr in unterschiedlichen Materialien und Kompositionen umgesetzt. Privat und beruflich mit dem Sujet verbunden, ist es ihr Ziel, dem Betrachter die Schönheit eines Zahnes näher zu bringen und ihm eine Begegnung mit dem Objekt aus einer anderen Perspektive zu ermöglichen. Zunächst entstanden Aquarellbilder, die träumerische Verschmelzungen von Mensch und Zahn in transparenter, glasfensterartiger Farbgestaltung zeigten. Das Medium Holz wurde von der Künstlerin nach dem Sturm „Lothar" im Jahr 1999 entdeckt, als im Karlsruher Hardtwald Hunderte von Bäumen den Naturgewalten zum Opfer vielen. Gedankliche Parallelen zwischen Baum und Zahn vor Augen – beiden Körpern ist eine Wurzel, eine Krone, ein Stumpf gemeinsam –, entwickelte Patricia Blum die Idee des „Karlsruher Mundwerks", eines Natur- und Kunstprojekts, das am 24. September 2000 im Hardtwald eingeweiht wurde. Auf einer über tausend Quadratmeter großen Waldlichtung wurde das überdimensionale „Gebiss" mit seinen zweiunddreißig Riesenzähnen aus Holz und einer zwischen Ober- und Unterkiefer eingebetteten Majolika Keramik-Zahnbürste installiert. Hainbuchenhecken deuten den Bürstenkopf des Zahnputzgerätes an.

Die außergewöhnliche Aktion erforderte eine umfassende Planung sowie die Unterstützung von Stadtverwaltung, Forst- und Vermessungsamt, Sponsoren und freiwilligen Helfern. Gemeinsam mit dem Karlsruher Oberforstrat Thomas Rupp wählte die Künstlerin aus dem Sturmholz unter anderem Traubeneichen, Platanen, Buchen und Kastanien für ihr Zahn-Material aus. Ihr Platz im Hardtwald-Gebiss wurde nach vermessungstechnischen, holzspezifischen und zahnwissenschaftlichen Überlegungen bestimmt. Während massive Stämme die Weisheitszähne bilden, entwachsen die Schneidezähne aus wertvollen Traubeneichen, die in der Weinkunst den spezifischen Geschmack der Barriquefässer bestimmen. Die Eckzähne wurden aus Kieferstämmen gestaltet. Nach ihrer Aufstellung und Befestigung in zwei Meter tiefen Gräben folgte die künstlerische Behandlung der Stümpfe mit Kettensäge und anderen Holz-Werkzeugen. Patricia Blum setzte das

▸ Der individuelle "Schliff" macht den Baumstumpf zum einzigartigen Teil des Kunstwerks

brachial anmutende Gerät gewissermaßen als Pinsel ein, mit dem sie die Struktur und Form des Baumes nachzeichnete und verfeinerte. Der individuelle „Schliff" charakterisiert jeden Baumstumpf als eigenständigen Teil des Ganzen, von dem in seiner natürlichen Unvollkommenheit eine beeindruckende energiegeladene Wirkung ausgeht. Erinnerungen an mystische und kulthafte Verwendungen des Materials Holz in den unterschiedlichen Kulturen werden wachgerufen und machen den besonderen Reiz des an sich profanen Themas des „Mundwerks" aus. Obwohl die benutzten groben, harten, meist widerspenstigen Materialien vordergründig den zart und filigran anmutenden Aquarellen Patricia Blums entgegenstehen, geht vom „Mundwerk" eine ähnliche zauberhafte und wirklichkeitsferne Wirkung aus wie von den Papierarbeiten. Im geöffneten Gebiss stehend, eingebunden in das ursprüngliche Ambiente des Hardtwaldes, befindet sich der Betrachter auf einer der Realität entrückten Ebene und erhält beim Durchschreiten der überdimensionierten Kieferhälften einen wahrhaftig neuen Zugang zur Welt der Zähne. Gleichwohl wird er sich der Besonderheit und Schönheit der Wunderwerke der Natur bewusst, sowohl der Zähne als auch der wieder zu neuem Leben erweckten Sturmhölzer. Zentrales Anliegen der Kunst von Patricia Blum war immer der Bezug zu Karlsruhe. Mit dem „Karlsruher Mundwerk" ist ihr dies in umfassendem Maß gelungen. Das verwendete Holzmaterial stammt ausschließlich aus dem Karlsruher Hardtwald, teilweise sogar von historisch belegten Bäumen, nämlich von Traubeneichen, die noch von Großherzog Karl Friedrich gepflanzt wurden. Eingebettet liegen sie in Karlsruher Rheinkiesel. Die Riesenzahnbürste ist aus Keramik der Majolika Manufaktur Karlsruhe gefertigt, die zu den traditionsreichsten Unternehmen Karlsruhes zählt. Nicht nur die verwendeten Werkstoffe weisen

▸ Die Majolika-Kacheln bilden eine blaue Zahnbürste, deren Borsten durch Büsche dargestellt werden

auf den Karlsruher Ursprung hin, auch in seiner Ausrichtung nimmt das „Mundwerk" auf Karlsruhes Geschichte Bezug. Indem die Achse des geöffneten Gebisses auf einer Radialen des 2996 Meter entfernten Schlossturms liegt, entspricht sie der Verlängerung einer der Strahlen, die vom Karlsruher Schloss aus die Fächerstruktur des Stadtplans Karlsruhes bestimmen. Für die Karlsruher Bürger, Kunstfreunde und Naturliebhaber dient Patricia Blums „Mundwerk" regelmäßig als Plattform für Kunst-, Musik- oder Tanzevents, mit denen das Motiv „Wald" ganz im Sinne der Künstlerin auf „zauberhafte" Weise zelebriert wird.

▸ Schmuck von Philine-Johanna Kempf

Kunstobjekte aus Holz von Philine-Johanna Kempf

Die Kunstobjekte von Philine-Johanna Kempf gehen eine enge und persönliche Verbindung zum Menschen ein. Die aus unterschiedlichen Materialien zusammengesetzten Arbeiten sind überwiegend tragbar und beziehen sich auf den Körper, den er schmückt. Der Werkstoff Holz nimmt dabei neben Metallen und Steinen eine wichtige Rolle ein. Er verkörpert für die diplomierte Metalldesignerin den Ausdruck von Wärme und gleichzeitig Vergänglichkeit und steht dem Menschen in vielschichtiger Weise sehr nahe. Von zentraler Bedeutung ist für die Künstlerin die Lebendigkeit des Holzes, das eine Geschichte hat und sich im Laufe der Zeit verändert. Bei den zahlreichen Fund- und Ausgrabungsstücken, die Philine-Johanna Kempf von ihren Studienreisen nach Südamerika, Afrika, Chile und China zusammengetragen hat, spielt zudem die Verknüpfung verschiedener Kulturen der Welt eine Rolle. Im Stadium der „Kunstwerdung", also der Verarbeitung des Materials zu einem Kunstobjekt, ist es das Ziel von Philine-Johanna Kempf, dem Holz, unter Berücksichtigung seiner Herkunft, eine neue Funktion einzuverleiben: das Kunstobjekt soll die Persönlichkeit des Besitzers unterstreichen und mit ihm eine Einheit bilden. Während das Objekt im Kontakt zum Menschen zu einem körperbezogenen, anfassbaren Energieträger wird und eine Art „Seelensprache" spricht, soll sich der Objekt-Besitzer in der Kunst von Philine-Johanna Kempf selbst wiederfinden. Für den notwendigen engen und tiefgründigen Kontakt zum Träger der Kunstobjekte kommt der Künstlerin ihre Verbundenheit zu philosophischem und psychologischem Gedankengut zugute.

▸ Pelzkunst

Die Vielseitigkeit ihrer Kunstformen spiegelt den Einfallsreichtum der Künstlerin wider. Ebenso wie sie bei ihren Installationen und Collagen aus unterschiedlichen Materialien auf die Verfremdung des Ursprünglichen abzielt, steht bei den Holzobjekten das Spiel durch Veränderung im Mittelpunkt. Der Träger kann sie auf vielfältige Weise verwenden: als Kragen, Brosche, Hand- und Armschmuck oder als Skulptur. Je nach Hintergrundbeschaffenheit und Platzierung variiert die Wirkung, die für Philine-Johanna Kempf immer eine Balance zwischen Harmonie und Spannung reflektieren soll.

Philine-Johanna Kempf über das Arbeiten mit dem Material Holz: „Die Schönheit des Holzes, seine Festigkeit, sowie Vergänglichkeit, Wärme spendend – im übertragenden Sinne –, am Körper getragen oder in Form einer Funktion – zeichnet den Träger aus. Holz verwandelt sich über Millionen von Jahren in Stein und auch hier spürt man die Kraft des Lebens in seinem Wachstum, zeigt sich die Metamorphose der Zeit und die Möglichkeit des Unbeschreiblichen. Durch diesen Reiz des Formbaren, farblich differenzierten, verwandelbaren, insbesondere in der Gegenüberstellung mit Metall, wird das ‚Harte' aufgelöst, das Auge umschmeichelt. Diese Komposition macht neugierig und lässt den Menschen nicht gleichgültig. Berührung des Altbekannten und doch ist es hier neu zu entdecken."

Guntram Prochaska

Die Auftritte des Karlsruher Bildhauers Guntram Prochaska sind meist laut und aufsehenerregend, jedoch immer eng mit der Natur und speziell mit dem Sujet Wald verflochten. Das in erster Linie von ihm verwendete Material

▸ Guntram Prochaska bei der Kunst-Arbeit

ist Holz von entwurzelten Bäumen, das er mit einer Kettensäge bearbeitet. Daneben ist auch Guntram Prochaskas Malerei mit ihren geheimnisvollen, fantastischen Menschen- und Tiermotiven intensiv vom Thema Natur geprägt.

Guntram Prochaskas zentrale Arbeiten der letzten zehn Jahre sind totemartige, monumentale Holzskulpturen, die mittlerweile in beinahe 40 Ländern über den Globus verteilt stehen. Auch in Karlsruhe hat der Multiple-Artist seine Spuren hinterlassen, wie zum Beispiel in der Günter-Klotz-Anlage und vor dem Rheinstrandbad Rappenwört. Im Rahmen spektakulärer Performances, begleitet von Musik oder Tanz, entstehen mit der Kettensäge in unglaublicher Geschwindigkeit meterhohe, ausdrucksstarke Holzgestalten, die an Formen früher Mythen- und Kulturgeschichte erinnern. Die Vorgehensweise des Künstlers ist äußerst direkt, zeitbezogen und dokumentarisch. Bei seinen meist am Zeitgeschehen orientierten Projekten arbeitet Guntram Prochaska ohne vorgefertigtes Konzept, sondern reagiert bei der Kreation seiner Holzgestalten stets auf die augenblickliche Situation, Stimmung und Umgebung. Sein Vorgehen beschreibt er als „Digitalisierung" des Gesamtbildes von Baumstamm, dessen individueller Gestalt und Beschaffenheit, der Maserung des Stammes, sowie des Ambientes seiner Aufstellung. Für Guntram Prochaska trägt der Akt der Gestaltung schöpferische Züge, insofern er dem Holzstamm mit dem motorisierten Werkzeug neues Leben einhaucht. Es handelt sich um eine Transformierung des Baumstammes in ein neues Medium, das mittels der künstlerischen Bearbeitung eine bestimmte Aufgabe an dem speziell ausgewählten Platz über-

▸ Der Baumstamm wird zur Holzfigur

nehmen soll. Es dient dem Künstler im übertragenen Sinne als Dokumentation der am Ort des Geschehens vorgefundenen Situation vor dem Hintergrund der jeweiligen geschichtlichen oder gesellschaftlichen Veranlassung. Der Betrachter kann sich der unmittelbar vor Ort freiwerdenden Energie und Ausstrahlung der Baumstamm-Skulpturen kaum entziehen. Mit riesigen Glubschaugen beobachten sie ihre Umgebung und bauen eine Verbindung zu ihr auf. Sie inspirieren und regen die Fantasie des Betrachters an, indem sie auf einer sehr emotionalen Ebene in Kontakt zu ihm treten. Trotz ihrer monumentalen Größe und der schroffen Zeichnung ihres Körpers erscheinen die archaischen Holzwesen liebenswürdig und „ansprechend". Mit Hilfe dieser faszinierenden Zugänglichkeit und vor dem Hintergrund der globalen Präsentation seiner Arbeiten, gelingt es Guntram Prochaska mit seinen Holzmonumenten ein Medium zu schaffen, das äußerst vordergründig seine Botschaft zu vermitteln weiß: als universelle Kunstform führen die Arbeiten unterschiedliche Kulturen zusammen und machen dem Menschen seinen Ursprung bewusster. Die Figuren stellen zudem durch das Material Holz eine Verbindung zur Mutter Erde dar und sollen in ihrer totemartigen Ausformung auf die immer mehr verlorengegangene Verbindung zwischen Natur, Mensch und Tier aufmerksam machen. Gleichzeitig implizieren sie Vergänglichkeit, da sie nicht zu den absoluten Kunstwerken zählen, die in Galerien oder Museen vor Witterung und selbst Berührungen geschützt stehen. Prochaskas Werke „leben" in der ihnen zugewiesenen Umgebung und verändern im Laufe der Jahre ihr Aussehen hinsichtlich Farbe und Holzstruktur.

In besonderem Maße nehmen Guntram Prochaskas weltreichende Reisen Einfluss auf seine Arbeiten mit Holz. Entdeckte er bereits mit fünfundzwanzig Jahren bei einer einjährigen Reise durch Nordafrika die „Negerplastik" für sich, so waren es auch seine Kontakte zu Künstlern aus anderen Kulturkreisen, die ihm die Form des künstlerisch gestalteten Baumstammes, ob in Form von Totems, Stelen oder anderen religiösen Kultgegenständen, als allumfassende Kunstform offenbarten. Seine Auslandsaufenthalte dienen dem Künstler jedoch nicht nur zur Erfahrungssammlung, sondern ebenso zur Reaktion „vor Ort". So wurden auch in Krisengebieten, wie der Sahelzone, Kolumbien oder Kroatien Prochaskas Figuren lautstark als Mittler und Mahnmal eingesetzt. Der Kompromisslosigkeit des Arbeitsprozesses mit der Kettensäge entspricht die Ausdrucksstärke der weltweit von Guntram Prochaska geschaffenen Holzgestalten, die der Natur ein Denkmal und der Gegenwart ein Mahnmal sein sollen und im Bewusstsein der Menschen eindringliche Spuren hinterlassen.

Emil Wachters Auseinandersetzung mit dem Erlebnisraum „Wald"

Emil Wachter hat in über 50 Jahren künstlerischer Arbeit ein Œuvre geschaffen, dessen Wurzeln zwar in der jüdisch-christlichen Tradition liegen, gleichzeitig jedoch von einem breiten Themenspektrum beeinflusst werden: seine Bilderwelt schöpft aus Inhalten der Bibel, der Mythologie, der Literatur- und Musikgeschichte, sowie des eigenen Erfahrungsschatzes, der insbesondere auf vielfältigen Reisen durch Europa, den Orient und Nordafrika basiert. Seine Werke implizieren die Schilderung von Leben, Natur und Welt im eigentlichen Sinn. Neben Portrait- und Stilllebendarstellungen gehört die Auseinandersetzung mit den Naturphänomenen und deren Eigenheiten im Verlauf der Zeit zum zentralen Thema in Wachters Schaffen.

▸ Emil Wachter

In seinen Landschaftsbildern entwickelt der Künstler vom Licht durchflutete Farb-Bild-Kompositionen, in denen er den sinnlichen Eindruck der geschauten Natur zu einem meist nur von einer Grundfarbe dominierten, emotional wahrnehmbaren Farbraum verdichtet. Wachters Ziel ist es, eine „Einfühlung" in die Natur zu vermitteln. See- und Wasserlandschaften werden zu dahinfließenden Modulationen in blau, Waldbilder zu Farbklängen aus facettenreichen Grüntönen oder zur winterlich-verschneiten Kulisse in kühlen Weißvariationen. Dabei geht es Wachter nie um den Wiedererkennungswert einer bestimmten Gegend, die überwiegend nur in unspektakulären Ausschnitten wiedergegeben wird. Vielmehr interessieren den Künstler die Lichtspiegelungen während eines bestimmten Naturphänomens.

Bilder des Waldes gehören zu den in seinem Werk immer wiederkehrenden Themen. Der Wald gilt als eine eigene Welt, die nicht durch inszenatorische Effekte, sondern aus sich selbst heraus eindrucksvoll ist.

Die Motivpalette der Walddarstellungen ist vielfältig und reicht von der verlassenen, geheimnisvollen Wald-Allee über die Schilderung des Waldes als Lebensraum von Tieren bis zur Konfrontation der einsamen Waldlandschaft mit zipfelmützigen Eisläufern, Joggern oder Schlittenfahrern. Das Sujet erscheint zum einen als undurchdringliche, urwüchsige Kulisse, zum anderen aber auch – meist in verschneiten Winterlandschaften – als vertrauter, belebter und lichtdurchfluteter Erlebnisraum. Die Wiedergabe des gleichen Motivs zu unterschiedlichen Jahreszeiten ist dabei für Emil Wachter von elementarer Bedeutung.

Einer sehr persönlichen Erlebniswelt Wachters begegnet der Betrachter in den Darstellungen des Karlsruher Hardtwaldes. Das Hardtwald-Triptychon von 1984 zeigt auf seinen drei Tafeln jeweils für sich stehende Landschaftsausschnitte des Hardtwaldmotives. Die Bildform des Triptychons ermöglicht es Wachter, drei gleichwertige, eigenständige, aber unter dem Hauptmotiv „Hardtwald" zueinander in Beziehung stehende Bilder in einer Zusammenschau zu präsentieren. Das Thema kann so in drei Variationen, sowohl kontrastreich als auch verbindend, beleuchtet werden. Während die mittlere und die rechte Tafel mit lichtdurchflutetem, blaugrünem Blattwerk an impressionistische Landschaften erinnern, bearbeitet Wachter die linke Tafel mit grobem Pinselduktus und einer grün-schwarzen Palette. Die Malweise entspricht den unterschiedlichen Bildmotiven: durchzieht die beiden helleren Varianten eine Schneise, evtl. auch ein Weg, der die Lichtstrahlen durch das Blattwerk bis zum Boden scheinen lässt und den Raum in das Waldinnere öffnet, verzichtet der Künstler bei der dritten Tafel auf die perspektivische Wirkung und zeigt das dichte, unerschlossene Grün des Laub- und Nadelwaldes abseits der Wege. Allen drei Arbeiten gemeinsam ist der Verzicht auf belebende Motive wie Tier oder Mensch, um sich ausschließlich der Komposition der Natur mit ihren Licht- und Schattenreflexen zu widmen.

▸ Auch im Bereich der Keramik wird das Natur- und Waldthema von Emil Wachter aufgegriffen: Majolika-Keramik „Abflug" aus dem Jahr 2003

Das Thema „Wald" durchzieht das gesamte Œuvre des Künstlers und findet in unterschiedlichen Variationen seine Umsetzung, die der Experimentierfreudigkeit Emil Wachters entsprechen. Nicht nur Maltechnik, Farbwahl, Bildraumaufteilung und die Darstellungsweisen des Themas variieren, auch die Formate seiner Werke sind eng mit dem Motiv verbunden. Während er ein steiles Hochformat für scheinbar unendlich in die Höhe wachsende Bäume wählt, vermittelt der quadratische Bildgrund dichte Baummassen, wobei das breite Querformat die Waldlandschaft als gewaltiges Panorama erscheinen lässt. Hintergrund bleibt dabei für den Künstler immer, das Gefühl des Eindrucks zu vermitteln, das man beim Durchschreiten des Waldes erfährt und als Spaziergänger im Karlsruher Hardtwald noch heute nachvollziehen kann.

Verwertung

LILJANA GROH

FURNIERE – KOSTBARKEITEN HAUCHDÜNN

HOLZ – DER ÖKOLOGISCHE ROHSTOFF

Dem Rohstoff Holz genügen zum Wachstum natürliche Energiequellen wie Sonne und Wasser. Er ist als natürlich regenerierbarer Rohstoff konkurrierenden Materialien hinsichtlich seines Produktkreislaufs in vielen Belangen überlegen. Holz lässt sich mit wenig Energieaufwand bearbeiten und viele der daraus erzeugten Produkte sind komplett recycelbar. Demnach kann Holz als einer der ökologisch wertvollsten Werkstoffe eingestuft werden. Furnier ist dabei als die ökonomischste Holznutzung zu sehen. Aus einem Baumstamm von 2,40 Metern Länge und 50 Zentimetern Durchmesser können ca. 300 Quadratmeter Möbeloberflächen mit Furnier gestaltet werden.

Seit über 200 Jahren wird in Deutschland nachhaltige Forstwirtschaft betrieben. Dies ist eine Bewirtschaftungsform, die den Fortbestand des Waldes und zugleich die Vielfalt und Schönheit der Natur garantiert. Das Prinzip der Nachhaltigkeit ist Tradition in unserer Forstwirtschaft und Ausdruck eines verantwortungsbewussten Umgangs mit dem Wald.

Was bedeutet „nachhaltig"?

- Nur soviel Holz zu entnehmen wie nachwächst
- Freigewordene Flächen durch natürliche Verjüngung oder Pflanzung wieder zu bewalden
- Im Einklang mit der Natur zu wirtschaften
- Auch die Bedürfnisse der nachfolgenden Generationen zu berücksichtigen

Diesem Grundsatz verdankt der deutsche Forst einen gesunden und artenreichen Wald.

Aufgrund seiner speziellen Boden- und Wasserversorgungssituation werden nur begrenzt hochwertige Einzelstücke im Hardtwald für die Furnierwirtschaft genutzt. Dazu gehören folgende Holzarten: Kiefer, Roteiche, Nuss-

▸ Landschaftsbild (Intarsienkunst) „Oberlauf der Marne“ 1960–1965

baum (Walnuss und Schwarznuss) sowie Spitzahorn und Waldkirsche. Furniertaugliche Stämme sind im Hardtwald eher selten. Dies liegt an mehreren Faktoren. Die warmen Sandböden im Hardtwald sind nicht so fruchtbar wie in anderen Regionen. Das bedeutet für die Kiefer, dass sie zu rasch wächst und nicht feinjährig genug wird, um furnierholztauglich zu sein. Im Sommer herrscht im Hardtwald durch die hohen Temperaturen und vergleichsweise geringen Niederschläge ein Wasserdefizit, sodass die meisten Holzarten nicht zu furnierfähigen Stämmen heranwachsen können. Buchen z. B. benötigen wesentlich bessere Standorte, als im Hardtwald vorkommen.

Durch die Entwässerung der Kinzig-Murg-Rinne, die zunehmende Versiegelung und die Begradigung des Rheins ist der Wasserspiegel im Hardtwald gesunken. Als dieser noch höher lag, gab es Eichen, die als Furnierstämme hätten genutzt werden können. Sie liegen heute unter dem Hardtwald verborgen in großen Tiefen und werden als so genannte „Mooreichen“, die ein Alter von 3 000 bis 5 000 Jahren haben, bei der Kiesgewinnung zu Tage gefördert. In der Zeit als die Intarsienkunst weit verbreitet war und man für diese Einlegearbeiten noch mehr kleinere Stücke verarbeiten konnte, wurden auch mehr Holzarten aus der Hardtwaldgegend verwendet. Dies hat sich heute geändert. Kiefern werden kaum noch aus dem Hardtwald gewonnen, da sie eher als Rundholz aus Skandinavien importiert werden. Trends und Mode bestimmen die Furnierholzarten. Diese sind im Hardtwald rar geworden.

Furnier

Furniere werden definiert als dünne (0,3 bis 6 Millimeter dicke), nicht selbstständig tragende Holzblätter, die durch Sägen, Messerschnitt oder durch Schälen vom Stamm abgetrennt werden. Das Furnier als Werkstoff ist seit etwa 4 000 Jahren bekannt. Man erfand die Herstellung von Furnier im alten Ägypten.

Dazu ist folgende Geschichte überliefert: Vor ungefähr 4 000 Jahren lebte am Hofe des Pharao ein Schreiner namens Said. Dieser bekam von seinem Herrn den Auftrag, einen besonderen Sarkophag zu entwerfen. Er sollte anders sein, als die herkömmlichen, die aus gewöhnlichem Holz gefertigt waren. Zwar sollte er schlicht sein, er sollte jedoch ausdrücken, dass dies die Grabstätte eines Pharaos war. So kam ihm nach langem Überlegen in den Sinn, einen Sarkophag zu zimmern, der aus normalem Holz war, dessen Außenflächen jedoch auf eine andere als sonst übliche Art und Weise gestaltet werden sollten. Er sägte Edelhölzer in feine Scheiben und trug diese schön gemaserten Hölzer auf den Sarkophag auf. Damit hatte er seine Aufgabe zur großen Zufriedenheit des Pharaos erfüllt.

Etwa 2000 Jahre später beschenkte die schöne Cleopatra Gaius Julius Cäsar als Dank dafür, dass er ihr auf den Thron half, mit einem edlen mit Furnier bezogenen Tisch.

Die in Ägypten hochentwickelte Furniertechnik gelangte über Babylonien, Assyrien, Griechenland und Italien nach Mitteleuropa. Da auch früher schon die seltenen und wertvollen Holzarten teuer waren, versuchte man, den Verbrauch einzuschränken. Man fertigte Möbel aus einfachen Massivhölzern, auf die man Furniere aus edlen Hölzern auftrug.

▸ SCHREIBSEKRETÄR, KARLSRUHE, HOFSCHREINEREI, UM 1800–1805 (MAHAGONI AUF KIEFER FURNIERT, WEISSER MARMOR, VERGOLDETES MESSING)

Eine Blütezeit erlebte die Furnierverwendung in der Zeit der Renaissance, dem Barock und dem Rokoko-Zeitalter. Die Herstellung des Furniers war sehr aufwändig und die Technik wurde nur für dekorative Zwecke genutzt. Verständlicherweise konnten sich nur die wohlhabenden Bevölkerungsschichten die hergestellten Objekte leisten. Nach der Entwicklung der Sperrholz-, später auch Spanplatte wurde das Furnier auch im täglichen Gebrauch stärker genutzt. Diese Kombination hatte gegenüber Massivholz so manche Vorzüge. Das Möbel verzog sich nicht, und man konnte die Ressourcen wertvoller Edelhölzer schonen. Das Furnier verlieh einer einfachen Sperrholz- oder Spanplatte den Ausdruck von etwas Edlem und Wertvollem.

Die Marqueterie- bzw. Intarsienkunst bestimmte vor allem das 16. und 17. Jahrhundert. In dieser Zeit entdeckte man, dass sich mit Furnier als Oberflächenmaterial schö-

▸ RUNDHOLZLAGERPLATZ IM WALD

ne und dekorative Ornamente gestalten lassen. Diese Kunstschreiner, die sich der Intarsienkunst widmeten, wurden Ebenisten genannt. Aus dieser Zeit kommt auch das Wort Furnier. Es wurde aus dem Französischen „fournier“ entlehnt und bezeichnete den Vorgang, weniger edles Holz mit wertvollen Furnieren mit dekorativem Holzbild zu belegen.

Als man Anfang des 19. Jahrhunderts die Arbeitsmethoden der Furnierherstellung mechanisierte, wurde die Verarbeitung größerer Mengen von Furnier möglich. So konnte Furnier nun in modernen Industriebetrieben weiterverarbeitet werden. Im Jahre 1843 wurde in Freiburg die erste Furnierfabrik gegründet. Man produzierte jedoch immer noch mit Furniersägen. Erst mit der Aufstellung der ersten Messermaschinen in Hamburg im Jahre 1870 entstand die heutige Furnierindustrie.

Seit Anfang der 1950er Jahre wuchs die Verwendung von Holzwerkstoffen in der Möbel-, Türen- und Paneelindustrie ebenso wie im Innenausbau. Bis Mitte der 1960er Jahre entwickelte sich Furnier zum dominierenden Oberflächenmaterial. Furnierte Möbel haben eine hohe Flexibilität betreffend Form und Design. Sie wirken leicht und großzügig. Da Furnier biegbar ist, kann es auch für Rundungen bei Möbelkonstruktionen genutzt werden.

Heute wird Furnier mit den verschiedensten Materialien kombiniert, wie zum Beispiel Glas, Edelstahl oder Kunststoff. Dieser Material-Mix bestimmt weitgehend das Bild der modernen Möbel. Die große Oberflächenauswahl bietet den Möbeldesignern immer neue Dimensionen der Gestaltung.

Furnier hat besonders im hochwertigen Bereich seine feste Position. Es strahlt mit seinem einzigartigen Charakter überall dort, wo es eingesetzt wird, eine natürliche Wärme und Schönheit aus. Besonders wegen seiner Farbe und seiner unregelmäßigen Struktur wirkt es harmonisch und lebendig.

HERSTELLUNG VON FURNIEREN

Rundholzeinkauf

Nur die besten Bäume werden für die Furnierherstellung genutzt. Sie werden von den Förstern und Einkäufern der Furnierproduzenten sorgfältig ausgesucht. Furnierstämme müssen den hohen Anforderungen des Einkäufers entsprechen, wie z. B. Länge, Wuchsmerkmale, Durchmesser, etc. Die Auswahl der Stämme geschieht meist auf so genannten Wertholzplätzen am Waldrand oder sogar im Wald selbst. In kaum einem anderen Industriezweig trifft das Kaufmannswort „im Einkauf liegt der Gewinn“ mehr zu, als in der Furnierbranche.

Lagerung

Bevor das Holz weiterverarbeitet wird, muss es auf bestimmte Art und Weise gelagert werden. Die Stämme werden ständig mit Wasser berieselt. Durch Feuchtigkeitssättigung des Holzes wird das Eindringen von Sauerstoff in die

Holzpore größtenteils unterdrückt und somit eine Farbveränderung vermieden. Zusätzlich vermeidet die Feuchtigkeit Rissbildung durch Austrocknen.

Entrindung und Dämpfen

Um das Rohholz für die Messer- und Schälmaschinen vorzubereiten, wird es entrindet. Dabei werden Fremdmaterialien wie eingedrückte Steine, eingeschlagene Nägel, Sand oder Erde entfernt. Danach erfolgt das so genannte Kochen oder Dämpfen, um das Holz elastisch zu machen. Die Dauer und der Hitzegrad bewirken je nach Holzart eine bestimmte Farbgebung und Farbstabilität.

Messern und Schälen

Bei der zur Zeit häufigsten Herstellungsart von Messerfurnieren wird der Block (Stamm) auf dem sich senkrecht bewegenden Flitschtisch schräg eingespannt und bei jeder

- Links:
  Messermaschine SG Furnierwerk Rheinfelden (CH)
- Links unten:
  Furniertrockner SG Furnierwerk Rheinfelden (CH)
- Rechts:
  Fixmass geschoben zusammengesetzt

Abwärtsbewegung gegen das feststehende Messer geführt. Der Tisch rückt nach jedem Schnitt um die Furnierdicke gegen das Messer vor. Je nach Schnittart entstehen verschieden gezeichnete Furniere.

Herstellung von Schälfurnier: Das Schälen ist die rationellste Methode der Furnierherstellung. Es gibt die größte Ausbeute und erfordert den geringsten Zeitaufwand. Der Stamm wird wie bei einer Drehbank zwischen zwei Backen gespannt und in drehender Bewegung gegen ein Messer geführt und kommt pro Umdrehung des Stammes um die Furnierdicke dem Messer entgegen. Es entsteht ein endloses Furnierband.

Trocknung und Beschneidung
Die erzeugten Furniere werden als Grundlage für die spätere Weiterverarbeitung zu Möbeln, Innenausbau und Paneelen auf eine verarbeitungsfähige Endfeuchtigkeit (ca. 8 bis 12 Prozent) getrocknet. Nachdem sie fachgerecht gebündelt worden sind, werden sie speziell zugeschnitten und danach mit genau festgelegter Blattzahl zu Paketen geschnürt. Die Ränder werden begradigt, und Wuchsunebenheiten werden herausgeschnitten.

Taxieren und Sortieren
Entsprechend den vielseitigen Verwendungszwecken, wie zum Beispiel Möbel, Türen, Innenausbau von Büros, Hotels oder Wohnräumen, aber auch Autos, werden nun spezielle Qualitäten vorsortiert. Dies erfolgt entsprechend den Kundenvorgaben bezüglich Dimension, Struktur und Preis.

Verarbeitung
Die einzelnen Furnierblätter können jetzt so wie sie sind vom Schreiner oder Möbelhersteller beschnitten und danach weiterverarbeitet werden. Sie werden jedoch häufig

▸ FURNIERTE ARMATUREN VERLEIHEN FAHRZEUGEN ELEGANZ UND STIL

zu Fixmaßen zusammengefügt. Diese Fixmaße werden durch Beleimen an den Kanten verklebt und somit in den gewünschten Formaten und Größen an die Türen-, Paneel-, Möbel- oder Automobilhersteller geliefert. Dies erleichtert deren weitere Produktion erheblich. Je nach Art der Zusammensetzung erhält man unterschiedliche Muster.

PRODUKTE AUS FURNIER

Wer sich ein individuelles Möbelstück wünscht, der liegt bei einem furnierten Modell richtig. Furnier verleiht jedem Objekt eine edle und einzigartige Oberfläche. Die natürlichen Wuchsmerkmale eines Baumes werden im Furnier sichtbar. Jedes Möbelstück oder Objekt erhält einen ästhetischen und einzigartigen Charakter, und der Käufer kann sicher sein, ein Original zu besitzen.

Auch in der Automobilbranche ist Furnier sehr gefragt. Hochwertige Fahrzeuge werden immer häufiger mit furnierten Armaturen ausgestattet. Den Innenraum kennzeichnet ein elegantes Ambiente, das von schwungvollen Formen und edlen Materialien bestimmt wird. Die Edelholz-Zierelemente bilden dabei ein dominantes Stilmittel.

Im Musikinstrumentenbau ist Furnier nicht wegzudenken. Klaviere, Geigen und Gitarren sind nur einige Beispiele für den Einsatz edler Furniere.

Sagen und Geschichten

Sagen und Erzählungen aus dem Hardtwald

Karlsruhes Ursprung und Name

Markgraf Karl Wilhelm wollte sein Schloss und dessen Garten in Durlach vergrößern, die Stadt gegen Grötzingen erweitern und sie durch gerade Straßen verschönern; allein die Durlacher verweigerten sowohl die Abtretung der erforderlichen Grundstücke, als auch die Umänderung ihrer krummen Gassen. Da selbst seine Drohung wegzuziehen sie nicht umstimmte, wurde er sehr ungehalten, und in tiefer Stimmung ging er nachmittags in den Hardtwald auf die Jagd. Beim Verfolgen des Wildes kam er von seinen Leuten ab und setzte sich zuletzt ermüdet auf den Stumpf einer Eiche. An die Verlegung seines Wohnsitzes denkend, fiel er in Schlaf, woraus er erst nach mehreren Stunden erwachte. Sein Gefolge, das ihn nach langem Suchen gefunden hatte, stand um ihn und wurde von ihm mit folgenden Worten angeredet: „So gut wie jetzt habe ich in meinem Leben nicht geschlafen! Zum Andenken will ich hier meinen Wohnsitz bauen, welcher Karlsruhe heißen soll, und über dem Stumpfe die Kirche errichten und einst darin begraben werden.“ Sogleich mussten die Jäger, durch Bezeichnung mehrerer Bäume, den Platz kenntlich machen, und bald wurde daselbst die Stadt Karlsruhe mit

▸ Der Schlossgarten in sagenhaftem Zwielicht

geraden Straßen erbaut und ihr Schloss vom Markgrafen bezogen. Auf die Stelle des Eichenstumpfes kam der Altar der Kirche und darunter eine kleine Gruft, worin Karl Wilhelm seit seinem Tode beigesetzt ist. Über ihr steht jetzt, wo die Kirche abgerissen und deren Platz dem Markte beigeschlagen ist, eine steinerne Pyramide mit folgender Inschrift: „Hier, wo Markgraf Karl einst im Schatten des Hardtwaldes Ruhe suchte und die Stadt sich erbaute, die seinen Namen bewahrt; auf der Stätte, wo er die letzte Ruhe fand: weiht ihm dies Denkmal, das seine Asche verschließt, in dankbarer Erinnerung Ludwig Wilhelm August, Großherzog, 1823."

Abweichend wird von vielen so erzählt: Karl ließ sich da, wo er geschlafen, den Bleiturm des Schlosses ausführen, der bekanntlich zuerst gebaut ward und im Mittelpunkt der ganzen Stadt- und Waldanlage liegt. Unter dem Turme steht noch der Eichstumpf mit den Wurzeln im Boden.

Andere lassen bei dem schlummernden Markgrafen zwei Bauern, die bei der Jagd als Treiber waren, vorübergehen, und den einen zum anderen sagen: „Sieh, wie gut da unser Karl ruht!" Diese Rede habe der Fürst gehört und wegen ihr seinen neuen Wohnsitz Karlsruhe geheißen.

Endlich wird noch von manchen behauptet, der Hofnarr habe, als der Markgraf sich auf den Stumpf setzte, zu ihm gesagt: „Karl, ruhe!" und von ihm zur Antwort erhalten: „Ja, hier will ich auch meinen Ruhe- und Wohnsitz nehmen und ihm, nach deinen Worten, den Namen Karlsruhe geben."

Gespenster bei der hohen Ruhe

Bei der hohen Ruhe, einer Steinbank auf der Erhöhung an der Straße nach Mühlburg hausen Gespenster, die einst ein Karlsruher Jude (Lemle, Rotznas) in Säcken dorthin gebracht haben soll.

Eine Bäuerin sah dort eine haushohe menschliche Gestalt kopfunter auf den Händen über dem Fußweg stehen und war genötigt, unter dem Arme des unheimlichen Wesens durchzugehen.

▸ Im nebelverhangenen Wald glaubt man sagenhafte Gestalten zu erkennen

▸ Der unzugängliche Hardtwald war lange Zeit ein Gebiet, um das sich Sagen und Schauermärchen rankten

Ein schwarzer Pudel gesellte sich schon vor der hohen Ruhe zu heimkehrenden Leuten, lief eine Strecke mit ihnen und verwandelte sich dann in einen Baumstamm, der bis zur hohen Ruhe sich vor ihnen hinwälzte.

In den 1820er Jahren sah eine Mühlburger Milchfrau auf der Steinbank drei Männer sitzen, die im Mondschein Karten spielten. Einer rief die Frau an, sie möge ihm aus ihrer Tabakspfeife Feuer geben, was sie auch tat und weiter ging, sich über die seltsame Spielgesellschaft wundernd. Auf einmal merkte sie, dass sie von dem schnurgeraden Weg, den sie schon unzählige Male bei Tag und Nacht gegangen, abgekommen und tief in den Hardtwald geraten war. Obgleich darin wohlbekannt, wusste sie doch diesmal weder ein noch aus und musste viele Stunden umherirren, bis sie nachts um zwei Uhr am Waldeck heraus auf den Großen Exerzierplatz kam, wo sie sich endlich zurechtfand.

Auch andere Leute sind schon bei der hohen Ruhe vom Weg abgekommen, ohne zu wissen wie, und noch andere haben dort von unsichtbarer Hand tüchtige Ohrfeigen bekommen.

Drei weisse Gestalten

Zu Beginn des Jahres 1832 begegneten einem Jäger im Hardtwald drei weiße Gestalten. Die eine sprach zu ihm: „Wer wird all das Brot essen, das es in diesem Jahre gibt?" Die zweite sprach zu ihm: „Wer wird all den Wein trinken, der in diesem Jahre wächst?" Die dritte Gestalt sagte: „Wer wird all die Toten begraben, die in diesem Jahre sterben?" Und siehe! Das Jahr 1832 brachte eine außerordentlich gute Ernte, einen reichen Herbst – dann aber auch ein großes Sterben.

Der Postreiter im Hardtwald

(Sage aus Knielingen, Anfang des 18. Jahrhunderts)

Alte Leute berichteten, dass sie im Sommer in der Morgenfrühe, wenn sie auf den Ackern am Randes des Hardtwaldes arbeiteten, öfters den „Postreiter" auf dem alten Postwege dahinsausen sahen. Einst machte tagtäglich der Postreiter auf diesem abseits der Rheindörfer am Waldrand dahinführenden Wege seinen Ritt zwischen Rastatt und Rheinhausen. Die Sacktaschen bargen wohlpetschierte Briefe, wichtige Staatsposten, versiegelte Gelder und andere wertvolle Sendungen. Der Postreiter ritt nur bei Tag, im Sommer zweimal, im Winter reichte es nur einmal zu einem Ritt. Zu seiner Sicherheit gegen Überfall und Raub hatte er zwei geladene Doppelpistolen in der Satteltasche stecken.

Einst an einem kalten dämmerigen Wintertag, da der Schnee fußhoch den Weg deckte und die Bäume des Hardtwaldes mit weißen Flocken dicht behangen waren, ritt der Postreiter auf dem mühsam sich den Weg bahnenden Pferde dahin. Oberhalb des Blankenlocher Wegs bei Neureut am Wald wurde er meuchlings überfallen und getötet. Die Mörder raubten die wertvolle Post und ließen dann das Pferd frei laufen. Den toten Postreiter aber verscharrten sie weit drinnen im Wald, und niemals ward die Stelle gefunden. Der Schnee verwischte jegliche Spur der Freveltat. Das ledige Ross wurde zum Hiobsboten; alles Nachsuchen blieb erfolglos.

Der ermordete Postreiter hat, so erzählten die Alten, in seinem Grabe keine Ruhe, weil er in ungeweihter Erde liegen muss. Er reitet als „Geist" im Morgengrauen seinen altgewohnten Weg, und manche sahen ihn winken, als ob er sagen wollte: „Kommt mir zu Hilfe!" Andere hörten ihn ru-

▸ DIE FARBEN- UND FORMENVIELFALT DES WALDES LÄSST DER FANTASIE FREIEN LAUF

fen und schreien. Niemand aber kann ihm helfen, denn im Augenblick da man ihn dahinlaufen sieht, ist er auch schon dem Blick entschwunden. Gar mancher biedere Bauersmann und manch fromme Frau hat für den Postreiter ein Vaterunser gebetet, damit seine Seele erlöst werde.

DER JÄGER UND SEIN LIEB

(Dorfsage aus Blankenloch, Ende des 18. Jahrhunderts)

In der Mitte des Hardtwaldes, unweit des Hirschgrabens, liegt das Monumenthaus, ein Ort, über dem ein Hauch stiller Romantik ruht, und der ein Erinnern an die naturfrische Art des alten Waidmannslebens in uns aufkommen lässt.

Lange vor Erbauung dieses Hauses stand dort, wie der Volksmund berichtet, eine Blockhütte. An diese knüpft sich eine sagenhafte Geschichte.

Ein herrschaftlicher Jägerbursche stellte einem Mädchen, einem blutjungen Ding aus Blankenloch, nach. Die beiden trafen sich, da die Eltern des Mädchens von allem nichts wissen wollten und sollten, an den Sommersonntagnachmittagen im Waldrevier. Bald musste die Maid dem Geliebten gestehen, dass sie ein Kind unterm Herzen trage. Sie fürchtete aber die Schande vor den Eltern und Dorfleuten, vor allem aber den Zorn des Vaters. Der Jägerbursche machte ihr nun den Vorschlag, er wolle sie in der Blockhütte verstecken, allwo sie ihrer schweren Stunde entgegensehen könne. So verschwand das Mädchen eines Tages aus dem Elternhause mit einem kleinen Kleiderbündel. Der Verführer brachte es in die Blockhütte, und hier gebar es auf einem elenden Laubsack ein Kind. Doch hinfort kümmerte sich der Bursch nicht mehr um die Arme, es genügte ihm, sie eingeschlossen zu haben. So musste die junge Mutter samt ihrem Kinde grausam frieren und verschmachten. In großer Not hauchten schließlich Mutter und Kind das Leben aus. Der Elende verscharrte die Leichen im Walde bei der Hütte.

Niemand hatte beim Verschwinden des Mädchens Verdacht geschöpft, dass etwa dieses infolge sündiger Liebe das Vaterhaus verlassen; denn man glaubte, es hätte in einer fernen Stadt einen Dienst angenommen, um den vermeintlichen Nachstellungen des Jägermannes zu entgehen, ja man hoffte, es würde mit der Zeit schon Nachricht geben. Daher hatte man gegen den Jäger keinerlei Argwohn, so schlimm auch seine Tat war.

Jahre gingen ins Land, und die Ärmste galt als in der Fremde verdorben und gestorben, weil man keinerlei Kunde von ihr hatte. Da fanden an einem Wintermorgen die Holzmacher, als sie zum Holzplatze gingen, in der Nähe der Blockhütte im Schnee und in einer Blutlache liegend, den toten Jäger.

In der erstarrten Linken hielt er einen Brief, in dem geschrieben stand, dass er seine schwere Sünde nicht länger tragen könne und sich selbst den Tod geben würde. All die langen Jahre her wäre ihm zwischen den Bäumen des Waldes das unglückliche Mädchen, das er verführt hätte, begegnet. Wortlos hätte es ihm das Neugeborene entgegengehalten, und jedesmal sei er sich schlechter vorgekommen. Nimmer hätte er vermocht, gegen ein Tier die Büchse zu erheben, nimmer wollte er morden, nimmer töten. In der letzten Zeit sei ihm wiederholt an der Stelle, wo er seine Liebste mit dem Kinde verscharrt habe, ein Rudel Hirsche, darunter eine weiße Hirschkuh, über den Weg gewechselt, und jedesmal habe er dann das Mädchen mit dem Kinde sehen müssen. Nun schließe er am Orte seiner Sünde mit dem Leben ab, der letzte Schuss aus seiner Büchse gelte seinem eigenen Herzen.

Als man an der Stelle nachgrub, fanden sich die Überreste der armen Mutter und des Kindes vor; sie wurden auf dem Gottesacker des Heimatdorfes zur Erde gegeben.

Der Geist des Mädchens mit dem Kinde aber muss im Walde beim Monumenthaus umgehen, und manche Leute wollen ihn dort gesehen haben.

Die Schreckenfahrt durch den Hardtwald

(Dorfsage aus Friedrichstal, Anfang des 19. Jahrhunderts)

Ein Mann aus Friedrichstal fuhr im Herbst mit einem Schubkarren von Schröck (Leopoldshafen) heim. Es war gegen Abend, die Dämmerung trat ein, als er schon ein gut Stück Wegs im Hardtwalde war. An der Hirschgrabenbrücke, dort wo die Straße den Bogen macht, sah er plötzlich einen riesenhaften Mann mit einem langen blutigen Messer unter einem Baum stehen. Am Stamme des breitästigen Baumes lehnte eine Frau mit durchschnittener Kehle – das sah er leibhaftig.

Da kam dem Manne das Gruseln; kalt und warm zugleich lief es ihm über den Rücken. Er rannte, so schnell ihn seine Beine tragen konnten, wie besessen mit seinem Karren weiter. Immer glaubte er hinter sich den Riesen mit dem Messer und hörte das Aufschlagen der schweren Stiefel ganz nahe.

So erreichte er unweit vom „Spenglerseck“ das Parktor, das dort den Hardtwald und Wildpark gegen die Felder von Friedrichstal abschloss. Da bemerkte er, dass er bei dem Rennen das Rädchen des Schubkarrens verloren hatte, ohne diesen Verlust überhaupt gemerkt zu haben. So hatte er die Fahrt durch den Wald ohne das Schubkarrenrad gemacht.

Zu Hause angelangt, war er zunächst unfähig, zu reden. Am folgenden Tag zeigte er den Fall auf dem Rathause an. Dann gingen beherzte Männer mit ihm in den Wald, um Nachschau zu halten. Unweit der Hirschgrabenbrücke lag im Straßengraben das Karrenrad. Von dem „Morde“ ward aber unter dem bezeichneten Baume keinerlei Spur entdeckt, nicht ein Tröpflein Blut war zu bemerken, kein Zeichen zu finden, das auf das Furchtbare, das der Mann gesehen hatte, hätte schließen lassen.

Nun ward diese „Schreckensfahrt“ von dem einen als Geisterspuk, von andern für Wahrheit gehalten. Ob diesem Erlebnis und vor Schreck aber waren dem Betroffenen die Haare weiß geworden.

Mythisches und Magisches

Dietmar Findling

Die Botschaft der Bäume

„Bäume sind für mich immer die eindringlichsten Prediger gewesen, ich verehre sie", sagte der Literatur-Nobelpreisträger Hermann Hesse einmal. Was ist an Bäumen so besonderes, dass in fast allen Ländern der Erde bis heute heilige Bäume verehrt werden?

Kann es gar eine Botschaft von Bäumen geben? Sicherlich, in unserer heutigen zivilisierten Welt fällt es uns nicht leicht, so etwas zu glauben. Und wenn ja, welche Botschaft können uns Bäume denn vermitteln? Ich will an dieser Stelle versuchen, Ihnen diese Botschaften zu entschlüsseln. Damit sehen wir uns bereits mit der wohl schwierigsten Aufgabe bei unserem Unterfangen konfrontiert: Wie kann man die Botschaft verstehen und in der Praxis umsetzen? Nicht einfacher macht die Sache, dass heute die meisten Menschen Wissensvermittlung im Fastfood-Stil bevorzugen, sie wollen ein fertiges Rezept präsentiert bekommen, am besten spaßig und mundgerecht aufbereitet. Dass dies nicht funktionieren kann, liegt auf der Hand. Jede ernsthafte Auseinandersetzung, egal mit welchem Thema, erfordert Praxis. Man muss es also selbst tun, ansonsten bleibt man für immer ein Theoretiker. Nur: wer will sich schon ernsthaft mit Bäumen auseinandersetzen?

Viele von uns haben in der Kindheit schon einmal Erfahrungen mit Bäumen gemacht, die sie nicht mehr missen möchten. Einige Menschen berichten von sehr eindringlichen Erlebnissen mit Bäumen. Andere besuchen in schwierigen Lebenssituationen immer wieder mal den einen oder anderen auserwählten Baum und erzählen diesem „Freund" ihre geheimsten Gefühle und Gedanken. Wenn wir uns der Faszination und der geheimnisvollen Wirkung der Bäume nähern wollen, müssen wir das auf eine uns inzwischen völlig fremde Art und Weise tun. Wir können hier nur die Zugangswege andeuten. Die Schritte zum Verstehen und Erlernen der Sprache der Bäume muss jeder für sich in der Praxis tun.

Sie kennen sicherlich das entspannte, zufriedene Gefühl nach einem Spaziergang in der Natur. Irgendwie fühlen Sie, dass alles wieder in Ordnung ist. Alles in Ihrem Leben hat wieder seinen Platz, und Sie spüren eine ausgleichende Kraft in sich, um jene alltäglichen Dinge, welche Sie beschäftigen, mit neuem Mut und gestärktem Selbstvertrauen anzugehen. Nach kurzer Zeit haben Sie wieder Sinn, Orientierung und Halt für Ihr Leben gefunden. Woher

▸ Herbststimmung im Hardtwald

kommt das? Wie entsteht dieses Gefühl des Selbstvertrauens und der Stärke? Durch einen einfachen Spaziergang im Wald, wo Sie Sauerstoff atmen?

Haben Sie schon einmal einen Baum umarmt? Ganz allein und in einem ernsthaften Lebensmoment? Vielleicht haben Sie auch geweint, dem Baum in seiner unendlichen Geduld Ihre Tränen anvertraut, der sie nun in seinem Wesen als Geheimnis wahrt.

Die Kelten – unsere unmittelbaren europäischen Vorfahren – und andere naturverbundene Völker waren viel stärker als wir heute mit der Natur und den Bäumen verbunden. Von ihnen können wir noch heute – über 2000 Jahre später – lernen. Einige Bäume waren ihnen heilig. Was ist uns heute noch heilig? Wie weit haben wir Menschen uns von der alles ernährenden und lebendigen Natur entfernt – entfremdet? Das Universum, symbolisiert durch die Weltenesche „Yggdrasil", ist unendlich, und wir hier auf einem kleinen Staubkorn mit fruchtbarer Erdschicht spielen uns als Götter auf. Die Zeichen, die die Natur uns schickt, bei den Kelten durch die Große weiße Göttin symbolisiert, sind deutlich, doch wir sind noch nicht aus unserem Wahn erwacht. Wir kehren unsere Habseligkeiten zusammen und hoffen, dass die nächste Flutwelle, der nächste Sturm uns nicht trifft. Noch verursachen wir – vielleicht bald nicht mehr. Werden wir verschwinden, wie einst die Dinosaurier?

Die Bäume werden noch da sein, wenn wir längst gegangen sind. Sie bilden mit allen anderen Pflanzen unsere Lebensgrundlage. Wussten Sie, dass bis zur Einführung des Industriezuckers Honig – aus Bäumen gewonnen – eines der wichtigsten Grundnahrungsmittel war? Bäume haben

► In der Einsamkeit des lichtdurchfluteten Waldes lässt sich die Botschaft der Bäume hören

▸ Das bewusste Wahrnehmen der Natur gibt neue Kraft für den Alltag

uns ernährt und tun es noch immer. Sie überlebten Fürsten, Könige, Kaiser, Diktatoren, Präsidenten und Päpste. Ihre Botschaft ist einfach. Doch man kann sie nicht mit den Ohren hören, nicht allein mit den Augen sehen noch mit Händen spüren. Nein, nur mit „allen" Sinnen, wie es die Kelten taten, kann man sie erfahren. Denn es ist das Geheimnis des Lebens, welches sie ewig bergen und zu gleicher Zeit verkünden.

Entdecken Sie die Kräfte der Bäume – zum Beispiel im Karlsruher Hardtwald. Besuchen Sie einmal die Buchenwälder mit ihren silbriggrauen Säulen. Entdecken Sie die Kraft der Eiche und die Beharrlichkeit der Hainbuche. Staunen Sie darüber, wie Ihnen eine Linde, der Baum der Gerechtigkeit und Geselligkeit, Harmonie und Seelenfrieden einhauchen kann. Lauschen Sie dem Flüstern der Götter, wenn sie durch die im leisesten Wind rauschenden Blätter der Pappeln sprechen. Die Botschaft der Bäume ist in einer mit der Natur verbundenen Sprache verfasst. Die Kelten verstanden, dass alles miteinander verbunden ist und fühlten sich als Teil des großen Ganzen. Doch es gibt Hoffnung. Auch wir können durch die Bäume wieder Zugang zur großen Ordnung finden und ihre Sprache wieder verstehen lernen. Doch dazu müssen wir unsere Wahrnehmung, die Art und Weise, wie wir die Dinge wahrnehmen, etwas verändern.

Der Baum steht seit Menschengedenken mit unendlicher Geduld an seinem Platz. Steht standhaft, geduldig, kann nicht flüchten. Als Teil aller Naturgewalten erträgt er die Gegensätze von Sturm und Ruhe, Hitze und Kälte, Tag und Nacht, Lärm und Stille, Überfluss und Dürre, Freund und Feind. Er trotzt geduldig dem vielfältigen Auf und Ab des Lebens. Dort, an seinem Platz im Meer der Zeiten, steht er erhaben und – wächst.

Vereinigt der Mensch nicht alle Fähigkeiten der Bäume auch in sich? Wünschen Sie sich nicht auch manchmal mehr Stärke und Kraft in einer bestimmten Lebenssituation? Oder mehr Geduld und Beharrlichkeit? Die Hainbuche oder der Olivenbaum machen es uns seit Jahrtausenden beständig vor. Wie können wir nun jene Fertigkeiten in unserem eigenen Leben verwurzeln? Indem wir wieder lernen, genauer hinzuschauen. Welcher Baum hat herzförmige Blätter und eine Rinde so weich wie Kork und symbolisiert dadurch Harmonie und Gerechtigkeit? Nur durch zugegebenermaßen viel Geduld und Disziplin finden wir aus unserer scheinbar bequemen Welt der Spaßgesellschaft wieder zu uns selbst. Die Bäume können uns ein Hilfsmittel, ein Medium sein, die längst vergessenen und verschütteten Kräfte der Natur wieder sichtbar werden zu lassen und in uns wieder zu wecken. Daher ist es notwendig, wieder die Grundlagen zu erlernen.

Es ist zwar schwierig, die Sprache der Bäume zu erlernen und es braucht auch einiges an Durchhaltevermögen, doch anders ist es nicht machbar. Und es braucht, wie beim Erlernen jeder anderen Kunst, Zeit. Viel Zeit, Geduld und Disziplin, um sich mit den Bäumen und sich selbst zu befassen, zu studieren und einzufinden. Es ist sicherlich die größte Kunst überhaupt, sich Zeit für sich selbst zu nehmen. Inwieweit ist uns heute die Natur als Lebensgrundlage noch wichtig? Wo finden wir Halt, sobald man uns unsere Statussymbole wegnimmt? Was macht uns als Menschen dann noch aus, wenn wir uns, entblößt von den Naturgewalten, nackt gegenüber stehen? Wenn Jahrhunderthochwasser und Jahrhundertstürme, verursacht durch Menschenhand, alles hinwegspülen wie lästigen Abfall? Sollten wir nicht schleunigst damit beginnen, uns auf die wahren Werte des Lebens zu besinnen? Nur, was sind die wahren Werte? Der Baum als größte und immer sichtbare Pflanze der Erde kann uns bei der Orientierung helfen, kann uns sprichwörtlich Halt geben.

Nutzen wir also die Bäume als Medium, um die Natur und das „Große Ganze" verstehen zu lernen. Nach einer gewissen Zeit des Studiums können Sie sich die Kräfte der Bäume „holen". Bald werden Sie wissen, welcher Baum welche Kräfte besitzt und symbolisiert. Durch Betrachten des Baumes können Sie diese Kräfte bei sich selbst aktivieren.

Stark wie die Eiche, die mit ihren eigenwillig wachsenden Ästen ewig die Wahrheit sucht. Fest durch ihre Pfahlwurzeln in der Erde verankert. Kein noch so mächtiger Sturm reißt sie um. Auf ihr wächst die Mistel mit den ihr innewohnenden, alles ordnenden Heilkräften.

Ehrwürdig und erhaben steht der Ölbaum, von den alten Griechen über alle Maßen verehrt und heilig gesprochen. Über tausend Jahre gewinnt er der Dürre den winzigsten Tropfen Wasser ab, um ihn als Olivenöl und Symbol der Dauerhaftigkeit zu verschenken.

Die Mutter des Waldes, die Buche, lädt in ihren heiligen Tempel des Waldes, wo sie das Geheimnis des Lebens bewahrt. Immerwährend nährt sie Boden, Luft, Wasser und Lebewesen.

Zart und sanft wächst die Birke seit Millionen Jahren an ihrem Platz. Noch vor den Menschen eroberte sie als Pionierbaum die unwirtliche Oberfläche der Erde. Symbolisiert das Licht der Sonne mit feinen Blättern und weißem Stamm. Ihr Holz brennt, obwohl es feucht ist, und wandelt sich in Hingabe zu behaglicher, wohliger Wärme.

Geduldig und genügsam thront die Kiefer auf Fels, findet Halt ohne Erde im Stein und wird über tausend Jahre alt. Ehrfürchtig wurde sie von den Kelten „Fackelbaum" genannt, wegen ihrer harzgetränkten Kienspäne zum Feuermachen.

Vital biegt sich die Weide an jede Situation. Wächst und wächst am Wasser. Schenkt Ruten für Körbe und Salicium für Gesundheit. Hexen reiten auf aus ihren Zweigen gefertigten Besen durch die Lüfte und beflügeln die Gedanken.

Beharrlich trotzt die Hainbuche allen Widrigkeiten des Lebens. Nichts bringt sie davon ab, weiter zu wachsen, zu leben und gleichzeitig zu beschützen. Undurchdringlich sind ihre von gewundenen Zweigen und Ästen geformten Hecken, die schon vor Hunderten Jahren die Siedlungen der Menschen schützten.

Die Zähigkeit der Esche, ihre Elastizität, möglich durch ihr langfasriges Holz, ist beispiellos. Den Druiden der Kelten war sie der Weltenbaum. Der Baum symbolisiert die Macht des Wassers – aus einem Rinnsal wird ein reißender Strom, dem nichts widerstehen kann.

Erlernen Sie die Kunst des Wahrnehmens des Wesens der Bäume und „Ihrer" eigenen Seele. Entdecken Sie die in Ihnen wohnenden Kräfte und Tugenden und lassen Sie sich von den Bäumen daran erinnern, dass Sie noch etwas in Ihrem Leben bewegen wollen.

NORBERT BEIER-XANKE

DER HARDTWALD: EIN ENERGIEBÜNDEL

Am 17. Juni 1715, Ortszeit 4 Uhr morgens an einem Mon(d)tag mit Vollmond, fünf Monate nach der ersten Rodung am Namenstag Karls des Großen, fand mitten im Hardtwald die Grundsteinlegung des Karlsruher Schlossturms und die damit verbundene Gründung der Stadt Karlsruhe durch Markgraf Karl Wilhelm statt.

Die vielschichtigen Zusammenhänge geometrisch-geomantischer Strukturen in Karlsruhe - wie dem Strahlenkranz, dem Fächer und dem Zirkel - untermauern den Hinweis, dass am Standort des heutigen Schlossturmes im Zentrum einer megalithischen Ringstruktur (dem heutigen großen Zirkel, dem Adenauerring), ein Kultstein, ein Menhir oder Omphalos gestanden haben soll.

Die Gründungsidee der Stadt Karlsruhe ist durchdrungen von einer geomantisch-ganzheitlichen Sichtweise von Welt, die über den Cherubimorden (diesem gehörte der damalige Wirtschaftsminister des Markgrafen, Johann Georg Förderer von Richtenfels, an, dem ein großer Ein-

▸ DER SCHLOSSTURM – MITTELPUNKT EINES „ENERGIEZENTRUMS“

fluss auf viele bauliche Maßnahmen in Karlsruhe nachgesagt wird) einwirkte, welcher in der Tradition des Bauhüttenwesens – der großen Kathedralenerbauer – bis zu den Megalithkulturen der Kelten und Germanen stand. Geomantie nennt sich die alte Kunst, Energiezentren auf der Erdoberfläche auszumachen, sowie künstliche Änderungen herbeizuführen, um ihre geometrische Verbindung mit anderen Orten auszudrücken.

Energiezentren sind Orte der Kraft, Orte, an denen eine bestimmte Atmosphäre herrscht, die sich von jener in der Umgebung unterscheidet. Ein so genanntes Energiezentrum stellt im Hardtwald der Standort des Schlossturms dar, wobei der Hardtwald selbst ein weiteres Energiefeld bildet. Aktuelle radiästhetische Messungen ergeben allerdings, dass heutzutage die Energien im und am Schlossturm nicht sehr stark von denen in der Umgebung abweichen. Dies lässt darauf schließen, dass die Energien am Ort und in den Verbindungslinien sehr gestört sind, was in der heutigen Zeit durch nachträgliche Veränderungen oder zusätzliche Baumaßnahmen oft zutrifft.

Menschen in früheren Kulturen haben die Kraftorte der Natur erkennen können und entsprechend genutzt. Sie haben sie je nach Qualität der Eigenschaften des Ortes sogar veredelt, indem sie ihnen bestimmte Gottheiten oder – in der christlichen Tradition – Heilige geweiht haben.

Orte mit besonderen Energien können sich durch verschiedene Umstände entwickeln und sind entsprechend nachweisbar, z. B. durch

- magnetische Anomalien mit stimulierender Wirkung
- erhöhte natürliche Radioaktivität mit anregender Atmosphäre
- Konzentration negativ geladener Ionen
- erhöhte terrestrische Kräfte durch unterirdische Wasser und tektonische Bruchzonen, die jedoch nicht pathogen wirken

Kennzeichen solcher Orte sind z. B. Anomalien im Pflanzenwuchs oder auch bizarr verwitterte Gesteine. Diese hat man in der Vergangenheit als Orte der Heilung und der Wandlung bezeichnet und entsprechend genutzt. Man hat ihnen in früheren Zeiten sogar ein erhöhtes Vorkommen von Naturwesen nachgesagt.

▸ Entlang der Via Triumphalis ist die Energiewirkung am Stärksten

An solchen Stellen entwickelten sich Orte mit besonderen Merkmalen, Orte, an denen Heilung erfahren wurde, an denen Feste abgehalten wurden, an denen Recht gesprochen, Wissen tradiert oder kulturelle Handlungen vollzogen wurden. Es entstanden Orte der Danksagung, der Visionen und der Zeremonien.

Steinsetzungen und Pyramiden der unterschiedlichsten Kulturen sowie deren Kirchen und Tempelanlagen zeugen von diesen Kultorten der Welt, z. B. den Keltenschanzen, Kathedralen und Domen. Sie sind heute wegen baulicher Veränderungen energetisch leider oft nicht mehr intakt.

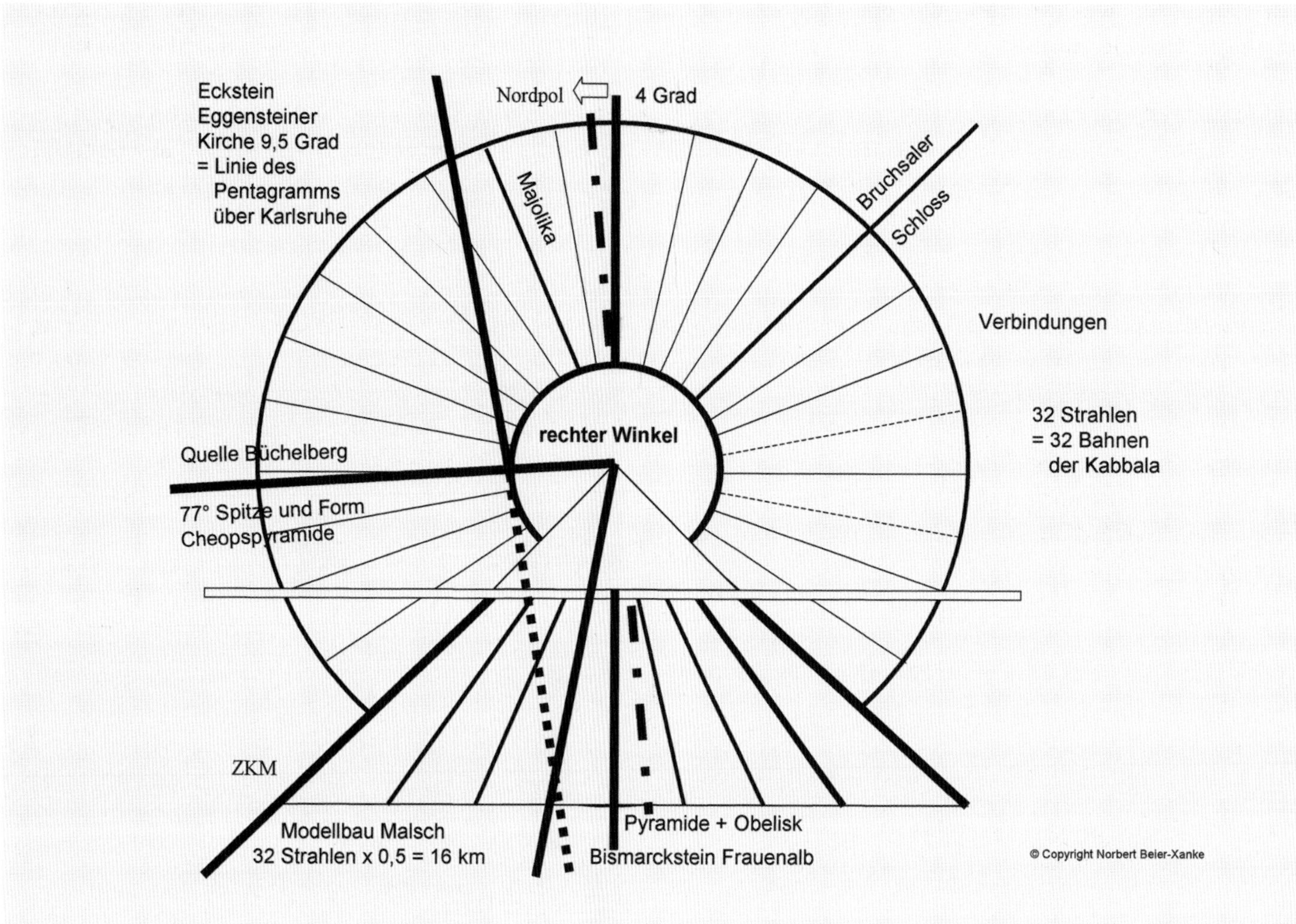

▸ Geomantische Verbindungslinien im Raum Karlsruhe

Diese Orte können als Linien oder Punkte in Systemen ihre Energiewirkung noch erhöhen. So soll ebenfalls am späteren Standort Karlsruhe in vorkeltischer, megalithischer Zeit ein so genannter „shamrock", ein Sonnensteinfelsen, an der Stelle der heutigen Pyramide gestanden haben.

Eine Verstärkung der Energiewirkung dieser Orte erreicht man durch Anordnung derselben als Punkte auf einer Linie wie z. B. mit dem Schlossturm, der Pyramide und dem Obelisken (Rondellplatz) auf der Via Triumphalis. Eine weitere Verstärkung wird erreicht durch die Initiierung des Goldenen Schnittes auf der gleichen Achse wie z. B. mit folgenden Streckenabschnitten:

a verhält sich zu b wie b zu c
(mathematisch ausgedrückt a : b = b : c)

mit den Strecken	a	=	Obelisk bis Kaiserstraße
	b	=	Kaiserstraße bis Schlossturm
	c	=	Obelisk bis Schlossturm

In Bezug auf den Schlossturm gibt es noch viele weitere axiale Verbindungslinien, auch Leylines genannt, die die Bedeutung des Standortes Schlossturm künstlich gesteigert haben. Der Standort des Schlossturms ist z. B. auch

- Punkt eines gleichseitigen Dreiecks mit Zentrum in Durlach auf dem 49. Breitengrad und dem Märchenring in Rüppurr, der wiederum eine Entsprechung zu Stonehenge in England aufweist.

- Punkt auf der verlängerten Achse der sogenannten „Drei-Kaiserdom-Linie" von Speyer über Worms nach Aachen.

- Punkt der Peillinie „Zeusstern" von der Wallfahrtskirche Maria Bickesheim (über Schlossturm) über die Stadtkirche St. Peter und Paul in Bruchsal in Richtung Nordosten dem Aufgang des Zeussternes, dessen Name im Ort Zeutern reflektiert ist.

- Mittelpunkt eines Quadrates, das sich aus der Diagonalen Waldstraße bis zur Kirche St. Morus in Oberreut und Waldhornstraße bis zur „Langen Richtstatt" in Neureut aufspannt.

- Dreieckspunkt des so genannten „Pythagoräischen Dreiecks" mit einem Seitenverhältnis 3 : 4 : 5, das sich über die weiteren Schnittpunkte Karl-Friedrich-Straße/Kaiserstraße und Karlstraße/Kaiserstraße aufspannt.

HINTERGRUND

Leylines

Der Begriff Leylines wurde Anfang des 20. Jahrhunderts von dem Engländer Alfred Watkins geprägt, der herausfand, dass eine große Zahl von alten Kirchen und Kultplätzen auf einer geraden Linie lag, wenn man sie auf einer Karte miteinander verband. Er war nach eigenen Angaben in der Lage, diese Energiephänomene zu „sehen". Eine Leyline ist ein mit „Lebenskraft" pulsierender Meridian, der meist geradlinig durch die Landschaft läuft, aber auch abrupt wieder abbrechen kann, z.B. an Betonbauten. Bei den Leylines handelt es sich um einen Lebensstrom, der da, wo er fließt, die Pflanzen-, Tier- und Menschenwelt nährt und inspiriert, vor allem, wenn er mit Steinsetzung in wahrnehmbare Energien transformiert wurde, wie z.B. in der Megalithkultur.

Endpunkte von weiteren Goldenen Schnittpunktstrecken sind u.a. auf der Waldhornstraße bis Kaiserstraße mit Schnittpunkt Zirkel, auf der Waldstraße auch bis Kaiserstraße mit Schnittpunkt Zirkel.

Die nördlichen der 32 Strahlen durchdringen heute noch den Hardtwald. Die Zahl 32 findet einen Niederschlag in verschiedenen Philosophien, so z.B. in der Idee der Einheit von Körper, Geist und Seele, beschrieben in der Kabbala, dem 2. Hauptbuch der jüdischen Schöpfungslehre, in denen von 32 geheimnisvollen Bahnen der Weisheit die Rede ist.

Die Lebensenergie wurde seinerzeit als eine unsichtbare Kraft beschrieben, unter anderem auch als Odem bezeichnet, in anderen Kulturen z.B. als Prana in Indien oder Chi in China. Im 19. Jahrhundert wurde sie von einigen europäischen – allerdings umstrittenen – Wissenschaftlern neu entdeckt und mit neuen Begriffen belegt (z.B. Od und Tachion). Diese wenig erforschte Energieform wird von der modernen Naturwissenschaft heute als Faktor Psi bezeichnet. Möglicherweise ist sie identisch mit den Kraftlinien der körpereigenen Meridiane, denen bei der chinesischen Akupunktur eine entscheidende Rolle zukommt.

Der heutige Schlossturm stellt das Grundsystem der kosmologischen Ordnung dar, vergleichbar zum Beispiel mit dem Castel del Monte des Hohenstaufenkaisers, Friedrich dem II., der sich zur Sonnenwendfeier mit den Großmeistern der acht Ritterorden der Welt traf. Dies findet weitere Entsprechung im Karlsruher Straßenfächer mit seinen neun Straßen zwischen der Wald- und der Waldhornstraße.

Der Schlossturm ist ferner durch seine Lage Teil der geomantischen Cheops-Pyramide, die sich durch das Dreieck mit gleichen Grundwinkeln von 51,5 Grad über den Büchelberg (ein Mondheiligtum), dem Sonnenorakel in Malsch und dem Schlossturm aufspannt. Das Sonnenorakel entspricht dem heutigen Modellbau Malsch in 16 Kilometern Entfernung in der Verlängerung der Achse Lammstraße auf dem Strahlenkranz.

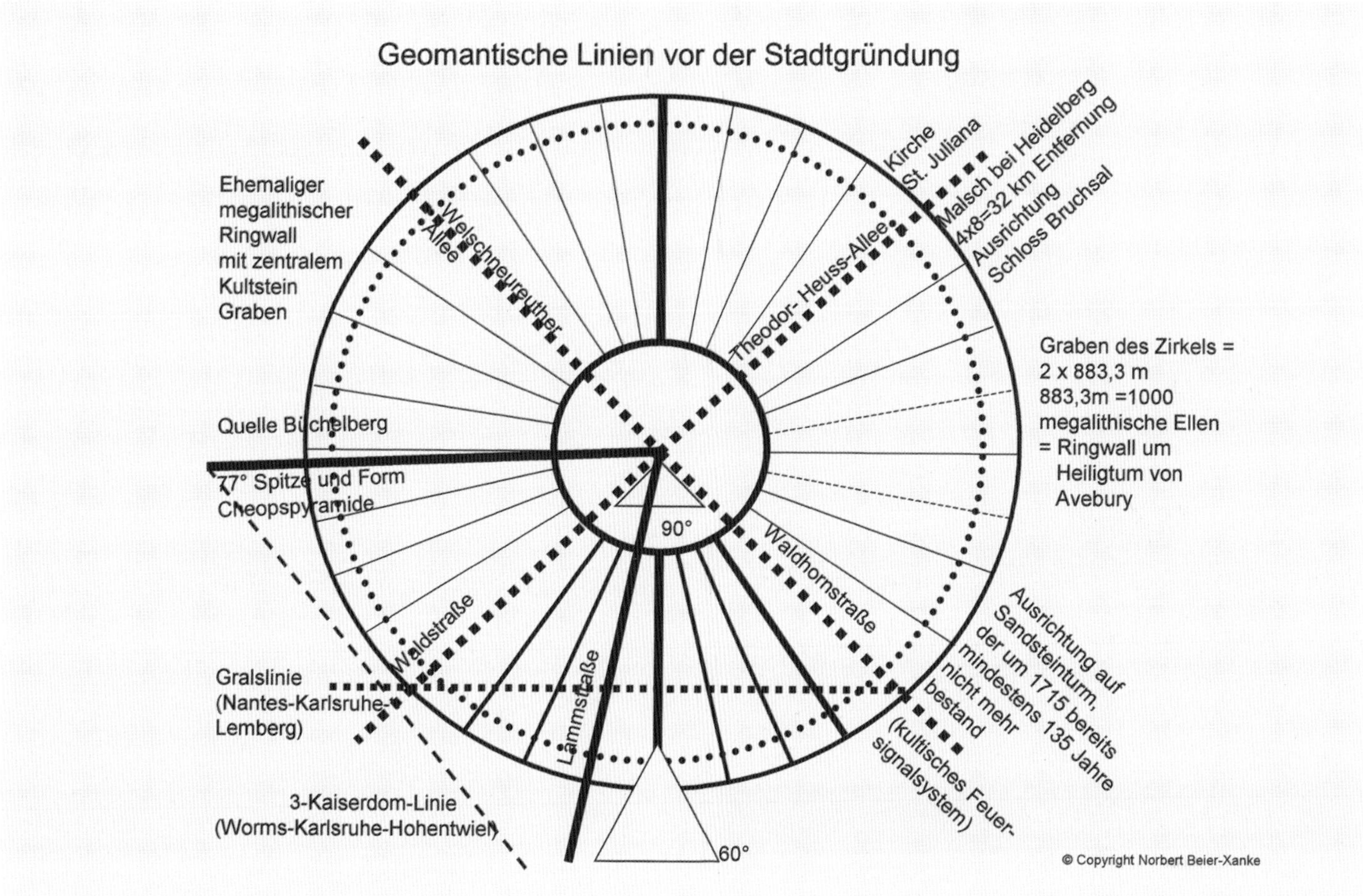

▸ Geomantische Linien vor der Stadtgründung

Deswegen ist der Standort Schlossturm im Hardtwald mit einer energetischen Grundstruktur ausgestattet wie kaum ein zweiter Punkt auf unserer Weltkugel. Es ist der bedeutendste Standort im ehemaligen Hardtwaldbereich. Heute schließt sich der Hardtwald erst nach dem Schlossgarten an. Doch mag er dem Besucher und Betrachter durch sein strahlenförmig angelegtes Wegenetz eine neue Welt der phantasievollen Betrachtungsmöglichkeit eröffnen.

Leider ist die gesamte Schlossplatzanlage durch die moderne Nachkriegsbebauung in Verlängerung der Schlossflügel, nämlich dem Bundesverfassungsgericht und den Wirtschaftswissenschaftsgebäuden der Universität Karlsruhe in ihrer meridianen Energiestruktur gestört. Diese habe katastrophale Folgen für den Energiefluss, der zur Realisierung der Idee der Stadtgründer als prosperierende (ehemalige Haupt-)Stadt nicht nur damals beitrug, sondern auch heute beitragen sollte.

Nach geomantischer Anschauung bildet der Hardtwald selbst in diesem Sinne ein weit gespanntes Energiefeld, dessen so genannte Lebensenergie – Chi, Od, Psi usw. – über das ihn durchdringende Strahlennetz der Wege gesammelt und im Schlossturm konzentriert wird. In den Schlossflügeln wird diese Energie entsprechend den Nutzungsinhalten modifiziert und südlich in Richtung Stadt, besonders über die Fächerstraßen, weitergegeben. Unter diesem Gesichtspunkt existiert ein enger Zusammenhang in philosophisch-städtebaulichem Sinne zwischen dem Hardtwald und der Innenstadt von Karlsruhe. Die Innenstadt lebt quasi mit und vom Hardtwald.

Freizeit & Freizeittipps

CHRISTOPH SCHUPPERT

TOURENVORSCHLÄGE FÜR DEN HARDTWALD

Als Naherholungsgebiet für Karlsruhe und seine Umgebung ist der Hardtwald von unschätzbarem Wert. Er bietet ideale Bedingungen für eine individuelle, naturverbundene Freizeitgestaltung.

Die folgenden Tourenvorschläge sollen Wanderern, Radfahrern und Inline-Skatern Anregungen zur Erkundung des Hardtwaldes geben.

WANDERN

Zahlreiche Alleen und markierte Wanderwege eröffnen vielfältige Möglichkeiten, den Hardtwald zu Fuß zu entdecken. Die ersten beiden Wandertouren beziehen sich auf den Hardtwald nördlich von Karlsruhe, die dritte führt durch den südlichen Abschnitt des Hardtwaldes zwischen Rheinstetten und Ettlingen.

Kultur-Erlebnis-Tour
(Dauer je nach Aufenthalt an einzelnen Punkten 1,5–2,5 Stunden)
Karlsruher Schloss – Fasanenschlösschen – Großherzogliche Grabkapelle – Gedichtpfad – Karlsruher Mundwerk – Staatliche Majolika

Die Tour startet von der Innenstadt kommend vor dem Schloss. Man betritt zunächst den Schlossgarten durch das Tor rechts des Schlosses. Im Schlossgarten hält man sich rechts, um ihn sofort wieder durch das Hirschtor Richtung Osten zu verlassen.

Anschließend folgt man der Richard-Willstätter-Allee, vorbei am Hirschbrunnen, bis zum Fasanenschlösschen. Dahinter wendet man sich links und geht bis zur Hagsfelder Allee, auf die man rechts einbiegt, um seinen Weg fortzusetzen. Nun befindet man sich auf dem Gebiet des ehemaligen Fasanengartens.

Nach der Überquerung des Adenauerrings nimmt man die erste Abzweigung nach links, die auf die Lärchenallee trifft, an der sich rechter Hand die Großherzogliche Grabkapelle befindet.

Hinter der Grabkapelle wendet man sich nach links und folgt der Straße bis zur Theodor-Heuss-Allee, dann biegt man nach rechts ein und geht bis zur Rintheimer Querallee. Hier biegt man nach links ein und setzt seinen Weg, die Theodor-Heuss-Allee überquerend, fort. Anschließend geht man weiter bis zur Stutenseer Allee. An der Kreuzung wendet man sich nach rechts und geht etwa zwei Kilometer auf der Allee bis zum Hinweisschild auf den Gedichtpfad. Hier biegt man links ein und folgt weiterhin den Schildern zum Gedichtpfad. Bevor man auf diesen gelangt, passiert man die imposante Graf-von-Wiser-Eiche.

Nach dem Rundgang auf dem Gedichtpfad, der abseits der großen Alleen versteckt durch den Wald führt, kehrt man zur Stutenseer Allee zurück und geht diese wieder zurück nach Süden, bis man auf Höhe der Schneidemühler Straße (Waldstadt) rechts in einen breiten Weg einbiegt, der in der Mitte eine Baumreihe aufweist. Dieser führt zu einer Lichtung, auf der sich das von Patricia Blum geschaffene „Karlsruher Mundwerk“ befindet.

Nach der Besichtigung des „Mundwerks“ setzt man den Weg fort, überquert die Friedrichstaler Allee und trifft anschließend auf den Karl-Knierer-Weg (markiert durch

▸ DIE GRAF-VON-WISER-EICHE ZÄHLT ZU DEN ÄLTESTEN BÄUMEN IM HARDTWALD

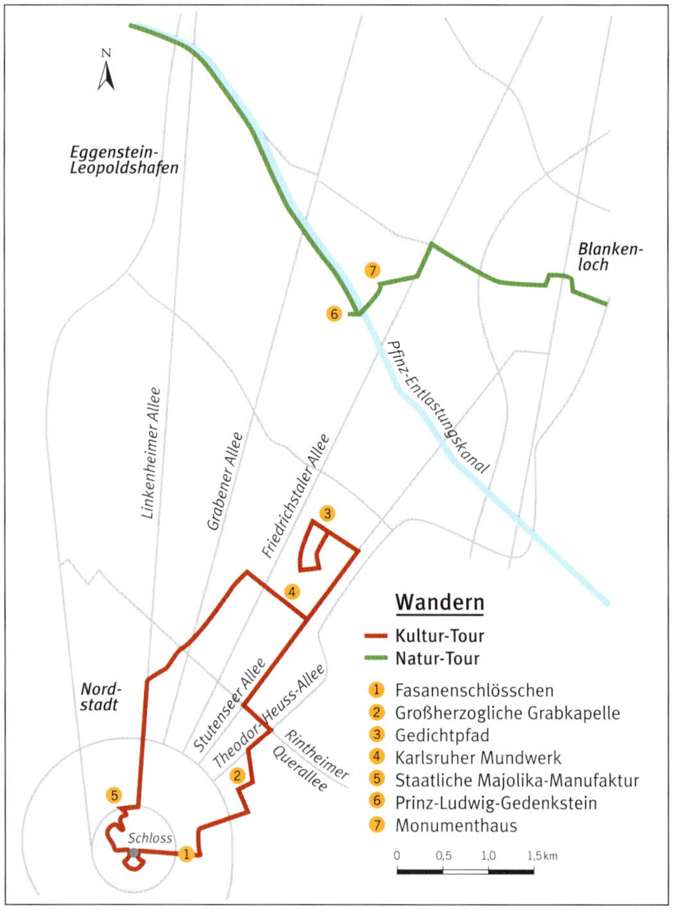

rote Punkte). Hier wendet man sich nach links und folgt dem Weg Richtung Süden. Zwischen Grabener und Linkenheimer Allee passiert man rechts einen Pflanzgarten, in dem junge Bäume hinter Zäunen aufgezogen werden, um sie vor Wildverbiss zu schützen. Gegenüber befindet sich eine über 200 Jahre alte Eiche. An der Linkenheimer Allee angelangt, setzt man den Weg nach Süden (links) fort, wobei der Adenauerring erneut überquert wird.

Vor dem Schlossgartentor angelangt, wendet man sich nach rechts und folgt dem Ahaweg entlang der Schlossgartenmauer bis zur Kurzen Allee. An der Ecke befindet sich das Forstamt der Stadt Karlsruhe. Hier biegt man rechts ein, um nach wenigen Schritten die Staatliche Majolika Manufaktur zu erreichen.

▸ Der Hardtwald lässt sich in jedem Tempo geniessen

Schließlich geht es zurück zur Schlossgartenmauer und in den Schlossgarten über einen kleinen Zugang gegenüber dem Forsthaus, um wieder zum Ausgangspunkt, dem Schloss, zurückzukehren.

Natur-Tour zwischen Eggenstein-Leopoldshafen und Stutensee (1,5–2 Stunden)
Eggenstein-Leopoldshafen – Pfinz-Entlastungskanal – Düne – Monumenthaus – Prinz-Ludwig-Gedenkstein – Stutensee-Blankenloch

Ausgangspunkt der Tour ist die Stadtbahnhaltestelle Viermorgen in Eggenstein-Leopoldshafen, die mit der S 1/S 11 erreicht werden kann. Nach dem Ausstieg aus der Stadtbahn bzw. dem Auto, wendet man sich nach Osten dem Hardtwald zu und folgt dem Pfinz-Entlastungskanal am nördlichen Ufer in den Wald hinein. Kurz nach Betreten des Waldes muss die B 36 unterquert werden. An der nächsten Brücke überquert man den Kanal und folgt diesem auf dem parallel verlaufenden, reizvollen Weg Richtung Südosten. Nach etwa zwei Kilometern erreicht man die Grabener Allee sowie eine Schleuse, an der der Hirschkanal nach Norden abzweigt.

Von hier geht es noch etwa einen Kilometer geradeaus am Kanal entlang. Auf dem Weg fällt am nördlichen Ufer eine leichte Erhebung auf. Dabei handelt es sich um eine beim Bau des Kanals angeschnittene Düne, die gegen Ende der letzten Eiszeit gebildet wurde.

Schließlich erreicht man eine stählerne Hängebrücke. Wendet man sich hier nach rechts, stößt man nach etwa 100 Metern auf einen zwei Meter hohen Felsenfindling. Dabei handelt es sich um den Prinz-Ludwig-Gedenkstein, der den Platz markiert, an dem Prinz Ludwig Wilhelm von Baden 1885 seinen letzten Hirsch erlegt hat.

Nach diesem kurzen Abstecher kehrt man wieder zur Brücke zurück und überquert diese in nördlicher Richtung. Nach etwa 200 Metern gelangt man zum Monumenthaus, das einst ein geheimnisvoller, mit Kiefernrinde verkleideter Rundbau war. Nach einem Brand wurde er als offene Hütte wiederaufgebaut. Dahinter steht ein bemerkenswertes zweieinhalb Meter hohes Monument in Form eines Ahornstammes. Es wurde zur Erinnerung an Großherzog Karl Friedrich errichtet, der hier in den Jahren 1807 und 1808 je einen weißen Hirsch erlegt hat.

Von hier aus setzt man den Weg nach rechts bis zur Friedrichstaler Allee fort. Anschließend folgt man der Allee nach Norden bis zur Eggensteiner Straße, die rechts nach Blankenloch führt. Auf dem Weg dorthin überquert man die Brücke der Umgehungsstraße, bevor man den Ort erreicht. Vor der Bahnlinie biegt man nach links zu einer Unterführung ab, da kein Bahnübergang existiert. Danach hält man sich rechts und kehrt so zur Eggensteiner Straße zurück, auf der man links rasch zur Hauptstraße gelangt. Dort besteht die Möglichkeit, wieder mit der Stadtbahn (S 4) nach Karlsruhe zu fahren.

Kleine Tour im Hardtwald südlich von Karlsruhe (1,5 Stunden)

Mörsch – Grillhütte – Ettlinger Linie – Silberstreifen – Epplesee – Forchheim

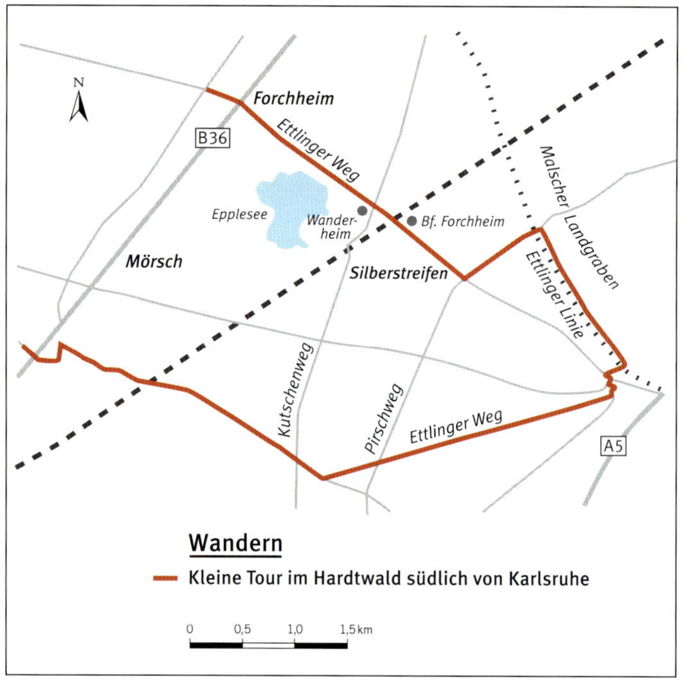

Die Tour beginnt an der Haltestelle Merkurstraße der Stadtbahnlinie S 2 in Mörsch. Etwas südlich davon kann die B 36 an einer Ampel überquert werden. Anschließend setzt man den Weg nach Osten auf einem Feldweg fort, der nach einer kleinen Linksschleife zur Brücke über die Bahnlinie führt. Dahinter wandert man zunächst am Waldrand entlang, dann geradeaus in den Hardtwald. Jetzt befindet man sich auf dem beschilderten Radweg nach Bruchhausen. Hier nimmt man die zweite Abzweigung (Ettlinger Weg), die schräg links abgeht und folgt dem Weg bis zu einer Fahrstraße (L 566), in die man rechts einbiegt. An der nun folgenden Gabelung der Straße hält man sich links, nimmt dann sogleich die erste Abzweigung nach rechts in den Wald und folgt dem Weg, der bald nach links abknickt. Wenn man nun weiter läuft, bewegt man sich parallel zur Ettlinger Linie, einer Verteidigungsanlage aus der ersten Hälfte des 18. Jahrhunderts, deren Gräben und Schanzen noch heute links des Weges im Wald zu erkennen sind. Rechter Hand befindet sich der Malscher Landgraben, ein Arm der ehemaligen Kinzig-Murg-Rinne, die hier etwa drei Kilometer breit ist und bis zum östlichen Rand der Rheinebene bei Ettlingen reicht.

Nach etwa 1,5 Kilometern trifft man auf einen breiteren, geteerten Weg (Pirschweg), in den man links einbiegt. Dieser führt zu einer Lichtung, die man rechter Hand passiert. Kurz danach trifft man auf eine Straße (K 3581), die nach rechts zum Ortsteil Silberstreifen führt. Dort angekommen, kann man im Naturfreundehaus Forchheim einkehren, indem man nach Überquerung der Bahnlinie vor der Waldkapelle links in den Kutschenweg einbiegt. Um den Weg fortzusetzen, folgt man der Straße, die am Epplesee vorbeiführt, Richtung Westen bis nach Forchheim, wo man über die Hauptstraße wieder zur Stadtbahnlinie S 2 gelangt.

Radfahren

Die langgestreckten, ebenen Alleen des Hardtwaldes bieten auch dem ungeübten Radfahrer zahlreiche Ausflugsmöglichkeiten. Sie eignen sich für sonntägliche Familienausflüge ebenso wie für Hochleistungsradler. Es sollen im Folgenden zwei Touren vorgestellt werden, die für jeden etwas bieten.

Familientour durch den Hardtwald (ca. 15 Kilometer)

Karlsruher Schloss – Karlsruher Mundwerk – Pfinz-Entlastungskanal – Monumenthaus – Hirschkanal

Die Familientour startet beim Karlsruher Schloss und führt durch den Schlossgarten entlang des Sees aus dem Schlossgarten hinaus. Dann folgt man dem Ahaweg nach rechts bis

▸ Nicht nur am Wochenende ist der Hardtwald ein beliebtes Revier für Radler aller Altersgruppen

zum Wildparkstadion und weiter bis zum Adenauerring, der hier an einer Ampel überquert werden kann.

Nun fährt man die Stutenseer Allee etwa zwei Kilometer Richtung Norden, bis man auf der Höhe der Königsberger Straße (Waldstadt) nach links einbiegt. Hier gelangt man nach kurzer Zeit zum „Karlsruher Mundwerk", das von Patricia Blum gestaltet wurde.

Weiter geht es nach Westen bis zur Friedrichstaler Allee, in die man rechts einbiegt und etwa 2,5 Kilometer bis zum Pfinz-Entlastungskanal weiter fährt. Hier biegt man links ein und fährt den Kanal entlang bis zu einer stählernen Hängebrücke, auf der man den Kanal überquert und nach kurzer Zeit das Monumenthaus erreicht.

Anschließend kehrt man wieder zum Kanal zurück, biegt rechts ein und folgt diesem etwa 2,5 Kilometer. An der dritten Brücke wird der Kanal wieder überquert.

Dann setzt man den Weg geradeaus (nicht entlang des Kanals) fort, bis man zur Linkenheimer Allee gelangt, auf der man Richtung Süden (links) nach etwa sieben Kilometern schließlich wieder am Schlossgarten ankommt.

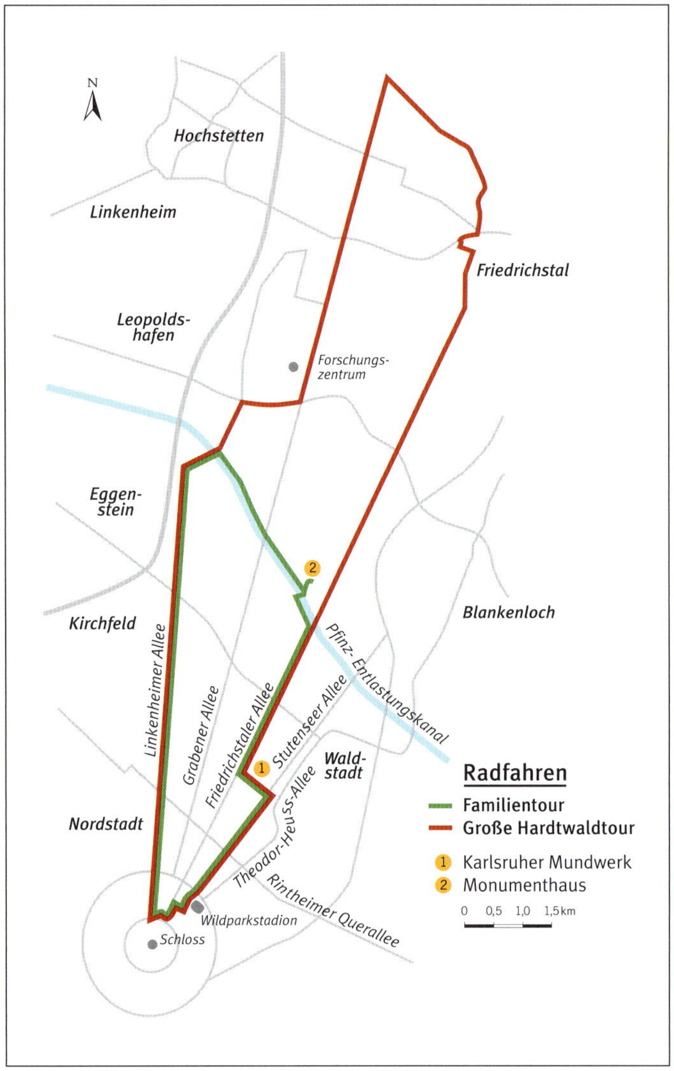

Große Hardtwaldtour (ca. 30 Kilometer)
Karlsruher Schloss – Graben – Friedrichstal – Karlsruher Mundwerk – Karlsruher Schloss

Die Tour beginnt beim Karlsruher Schloss. Zunächst durchquert man den Schlossgarten in nördlicher Richtung. Anschließend fährt man geradeaus weiter auf der Linkenheimer Allee etwa sieben Kilometer nach Norden. Dann bleibt man auf dem nach rechts abknickenden geteerten Weg bis zum Pfinz-Entlastungskanal.

Nach etwa 500 Metern überquert man den Kanal und folgt dem leicht nach links abknickenden Weg weiter nach Norden. Nach etwa einem Kilometer erreicht man so das Forschungszentrum Karlsruhe. Hier hält man sich rechts und folgt der Fahrstraße etwa 500 Meter. Am Hirschkanal geht es links und entlang des Kanals weiter nach Norden, bis man einen weiteren Wasserlauf erreicht. Noch vor „der Alten Bach“ wendet man sich nach rechts und verfolgt das Gewässer, bis der schmaler werdende Weg schließlich auf die Straße von Graben nach Friedrichstal trifft. Auf dieser fährt man nach Süden bis nach Friedrichstal. Vor dem Ort biegt man rechts ein. Anschließend fährt man links von der Hauptverkehrsstraße in die Straße „Am Waldfestplatz“, um sofort wieder links in die Heinrich-Hertz-Straße einzubiegen.

Nun trifft man auf die Karlsfeldstraße, auf der man Richtung Süden fahrend den Ort durchquert. Am südlichen Ortsausgang wird die Straße zur Friedrichstaler Allee.

Diese befährt man nach Süden, um wieder nach Karlsruhe zu gelangen. Auf der Rückfahrt bietet sich die Möglichkeit, das „Karlsruher Mundwerk“ von Patricia Blum zu besuchen. Es befindet sich zwischen Friedrichstaler und Stutenseer Allee nahe der Waldstadt auf Höhe der Königsberger Straße.

Inlineskaten

Die Alleen im Hardtwald eignen sich, soweit ein guter Asphaltbelag vorhanden ist, prima zum Inlineskaten. Die zwei vorgeschlagenen Touren berücksichtigen dabei ausschließlich gut befahrbare Teilstücke und bieten für Hobby-, ebenso wie für Profifahrer eine abwechslungsreiche Tour für niederschlagsarme Sonnentage.

Kurze Tour (ca. 15 Kilometer)
Am Schlossturm startend bewegt man sich in nördlicher Richtung, wobei der Schlossgartensee rechts umfahren wird.

Nach Verlassen des Schlossgartens begibt man sich schräg rechts auf die Grabener Allee, der man etwa 5,5 Kilometer nach Norden folgt. Unterwegs werden Adenauerring sowie Rintheimer Querallee überquert.

Noch vor dem Pfinz-Entlastungskanal biegt man nach links auf einen ebenfalls asphaltierten Weg ein, den man bis zur Linkenheimer Allee befährt. Dort angekommen,

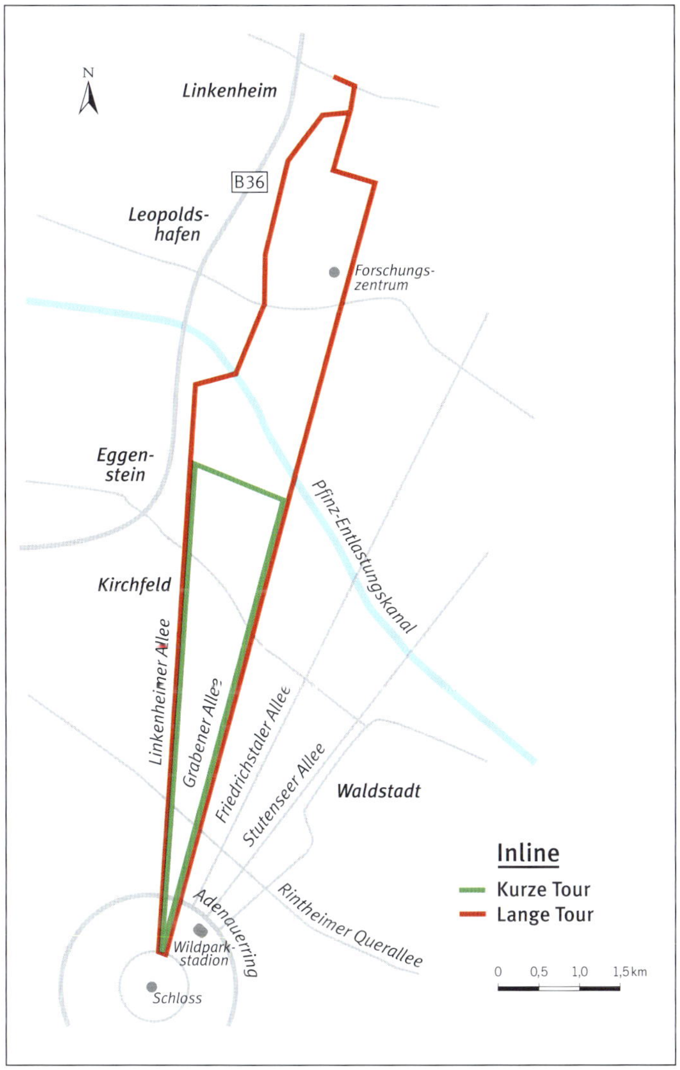

▸ Forschungszentrum Karlsruhe (Luftbild von Süden)

wendet man sich nach Süden und kehrt wieder zum Schlossgarten zurück.

Lange Tour (ca. 25 Kilometer)
Schlossgarten – Grabener Allee – Forschungszentrum – Hubertushof – Linkenheimer Allee – Schlossgarten
Am Schlossturm startend bewegt man sich in nördlicher Richtung, wobei der Schlossgartensee rechts umfahren wird.

Nach Verlassen des Schlossgartens begibt man sich schräg rechts auf die Grabener Allee, der man bis zum Forschungszentrum Karlsruhe nach Norden folgt. Unterwegs werden Adenauerring, Rintheimer Querallee und Pfinz-Entlastungskanal überquert. Danach geht es parallel zum Hirschkanal weiter.

Nachdem das Forschungszentrum passiert wurde, fährt man, links auf eine Brücke einbiegend, über den Hirschkanal. Gleich darauf nimmt man die zweite Abzweigung rechts. Dieser Weg führt bis zu einer Fahrstraße. Hier hält man sich links und folgt der Straße bis zum Hubertushof, wo eine Rast eingelegt werden kann.

Auf dem Rückweg nimmt man zunächst die soeben befahrene Strecke, biegt dann aber in den ersten Weg nach Verlassen der Fahrstraße rechts ein und folgt diesem entlang des Forschungszentrums und über eine weitere Autostraße hinweg bis zum Pfinz-Entlastungskanal. Hier nutzt man die Brücke und setzt seinen Weg auf dem nach schräg rechts abknickenden Weg fort, bis man zur Linkenheimer Allee gelangt. Dort angekommen, wendet man sich nach Süden und kehrt wieder zum Schlossgarten zurück.

Michael Kohler

Vereine im Hardtwald

Am Anfang war das Schiessen

Alles begann 1721 mit einem großen Schützenfest auf einer zwischen der Beiertheimer Allee und dem Sallenwäldchen gelegenen Schießwiese. Es wird kolportiert, dass sich auf Einladung des Markgrafen Karl Wilhelm Schützen aus zahlreichen badischen Vereinen zu einem Freischießen einfanden. Dieses Ereignis war der Startschuss zur Gründung der Karlsruher Schützengesellschaft, dem wohl ältesten Verein der Stadt. Hier begann die Geschichte der Karlsruher Vereine, die eng mit dem Hardtwald verknüpft ist. In den darauffolgenden Jahren traf man sich für die Schießübungen in der Karlsruher Südstadt, bis das Gebäude 1868 niederbrannte. Das neue Schützenhaus entstand 1891 im Hardtwald, vor der Stadt an der Linkenheimer Allee, wo es heute noch steht.

Im 19. Jahrhundert hatten die Schützen einen hervorragenden Ruf, galten als bürgerliche Elite und stellten mit dem Vereinslokal und den Schießständen beliebte Ausflugsziele der Region. Der Hardtwald bietet schließlich neben dem lauten Sport auch die nötige Ruhe, die für die Konzentration der Schützen nötig ist. Die Schützengesellschaft kann heute auf eine fast 300-jährige Geschichte zurückblicken.

Nicht nur die Schützen zog es in den Hardtwald: Der berühmte Friedrich Freiherr Drais von Sauerbronn stellte hier „die Welt auf Räder", erfand das berühmte Laufrad und hatte auch als markgräflicher Forstinspektor eine besondere Beziehung zum Wald. Zwar wurde ihm zu Lebzeiten die fällige Anerkennung verweigert; die inzwischen gegründeten Fahrradvereine setzten ihrem Vorbild indes 1893 ein Denkmal. Die Vereine waren keine reinen Sportverbände. Der Name des historischen Radfahrvereins „Gemütlichkeit" zeigt schon an, dass es die Mitglieder wohl eher mit Geselligkeit und Erholung, statt mit dem Rennsport hielten. Auch heute ist der Hardtwald Treffpunkt für Radfahrer aller Altersgruppen. „Gemütlich" wird es bei der Radsportgemeinschaft Karlsruhe e.V. heute allerdings nicht immer zugehen. Der 1898 gegründete Verein hat seinen Sitz an der Linkenheimer Allee und deckt mit den Abteilungen Radball, BMX, Kunstrad und Rennsport die breite Palette des Radsports ab. Jedes Jahr lädt die RSG gemeinsam mit der Stadt Karlsruhe zu einer Drais-Gedächtnistour ein, bei der man neben neuen auch historische Zweiräder bewundern kann. Doch der Radsport alleine war den Karlsruhern nicht genug. In dem beschleunigten Zeitalter der Moderne kam es zunehmend auf Geschwindigkeit an. So wurde nach dem Ersten Weltkrieg auch der Motorsport im Hardtwald heimisch: „Ende der zwanziger Jahre entstand im Wildpark eine Rennstrecke für Motorräder mit Start und Ziel an der Eggenstein-Hagsfelder Landstraße, zwar schmal, holprig und nur mit Asche belegt, und doch war schon beim ersten Rennen die gesamte Motorsportelite dabei." Hier startete der spätere Europameister Karl Braun auf seiner Horex und begann seine internationale Karriere. Die Wildparkrennen wurden nach einigen Jahren allerdings von der Forstverwaltung verboten: wegen Gefährdung des Wildbestandes.

▸ Vereinsgelände des KTV

Turn- und Sportvereine

Man kann es sich nur schwer vorstellen: im Sommer 1846 führen seltsam gekleidete Menschen im Karlsruher Hardtwald „Bügel- und Sprungstreckübungen“ aus. Auf Wiesen und Waldpfaden findet die neue Mode der Körperertüchtigung ihren Ausdruck: nach der Gründung des Allgemeinen Turnvereins am 2. Februar 1846 treffen sich die Karlsruher Turner zuerst auf dem freien Platz hinter dem Rathaus, um das neue Körperbewusstsein in Taten umzusetzen. Eine Strophe aus dem Lied „Turnerwerth“ zeigt, worum es geht:

Der Turner ringt nach hohem Ziel:
ein Mann zu sein, wie Gott ihn will,
Er stählt des Leibes Kraft und Mark,
Macht so die Seele frei und stark.

Der Turnverein ist zuallererst eines: ein Männerbund. Frauen sind nicht zugelassen. Der männliche Turner hatte – auch in Karlsruhe – einen gesellschaftlichen Auftrag: die Turnvereine, sollten das Volk Selbstdisziplin lehren. Sie waren dem Ziel einer egalitären Gesellschaft verpflichtet, achteten jedoch auf die gute Reputation der Sportler: Mitglied konnte „jeder Gesittete von unbescholtenem Rufe werden“, der regelmäßig an den Turnübungen teilnahm. Unter den Turnern galt das „Turner-Du“, das bürgerliche Unterschiede eliminieren und Hierarchien abbauen sollte. Anders als noch bei Friedrich Ludwig Jahn, dem legendären „Turnvater“, spielte in den 1840er Jahren der Kampf gegen den Erbfeind Frankreich keine so große Rolle mehr, was aber der militärischen Grundausrichtung der Turnbewegung keinen Abbruch tat. Die Turner waren demokratisch, national und freiheitlich und darin ein Spiegelbild der Gesellschaft. Auch in diesem Mikrokosmos wird für und wider die Republik gestritten, was zum Scheitern der gesamten Revolutionsbewegung führte. Und in Karlsruhe? Der Allgemeine Turnverein war ein Zusammenschluss für die „Freiheit“ und das „große deutsche Vaterland“. Der Verein stand auf der Seite der Radikal- demokraten, war für die Republik und wurde – folgerichtig – nach der Niederschlagung der Revolution 1848 verboten. Als nach der Restauration um 1860 ein politisches Tauwetter einsetzte, kam es zu einer regelrechten Vereinsgründungswelle. Das Turnen war mittlerweile – beinahe im Wortsinne – salon- und schulfähig geworden. Im Südwesten emanzipierte man sich nach und nach vom preußischen Vorbild und vom großen „Turnvater“. Stand am Anfang der Bewegung noch die Wehrtüchtigkeit im Vordergrund, so verlagerte sich das Augenmerk der Turner immer mehr auch auf die Frage der Gesundheitspflege, die – bereits im 19. Jahrhundert – in der Schule stattfand. Auch hier hat das Großherzogtum Pionierleistungen vollbracht. Das badische Schulturnen ist eng mit Alfred Maul verbunden, dem Direktor der Großherzoglichen Badischen Turnlehrerbildungsanstalt, der in den 1880er Jahren mit wichtigen Fachbüchern das Schulturnen für Knaben (später auch für Mädchen) ins gesellschaftliche Bewusstsein rückte. Maul verlangte von den Lehrern Unerhörtes: sie mussten selber turnen können.

„Der Turnunterricht muss vor allen Dingen anschaulich sein. Die Anschaulichkeit gewährt aber in erster Linie das Vorturnen der Übung, die die Schüler ausführen sollen. Dieses Vorturnen kann zwar unter Umständen einem oder dem anderen Schüler übertragen werden, aber der Turnlehrer kann doch in die Lage kommen, [...] selber die Übung vorzeigen zu müssen; auch ist sein Vorbild jederzeit wirksamer als das eines anderen. Deshalb können dem Turnlehrer blos theoretische Kenntnisse nicht genügen; er muss auch bis zu einem gewissen Grade selber turnen können.“

Heute ist das Turnen fester Bestandteil des Sportunterrichts an den allgemeinbildenden Schulen. Dennoch finden die Turner hauptsächlich in der Freizeit zusammen. Das Angebot der Vereine ist vielfältig und groß. Um dem Trend zum medienorientierten Stubenhockertum entgegenzuwirken, versucht zum Beispiel der Männerturnver ein Karlsruhe (MTV) viele Jugendliche auf die Plätze im Hardtwald zu locken. Von den insgesamt ungefähr 1250 Mitgliedern des Vereins sind es schon knapp 500. Der klassische Turnverein hat sich in den letzten Jahrzehnten gewandelt. Auch beim MTV setzt man nun mehr auf die Vielfalt des Angebots: Es reicht von Turnen, Tennis, Leichtathletik über Frisbee und Ski bis hin zu Volleyball und Handball und vereinigt so klassische und Trendsportarten. Federführend ist der MTV aber nicht nur in der Jugendarbeit, sondern auch in der „Kooperation Hardtwaldvereine“. Dieser Zusammenschluss führt die Vereine DJK Karlsruhe-Ost, Freie Spiel- und Sportvereinigung Karlsruhe (FSSV), Karlsruher Sportvereinigung „GERMANIA" und Karlsruher Turnverein seit dem Jahre 2000 unter einem Dach zusammen. Bis heute schlossen sich noch der FC Karlsruhe 1921, die Spielvereinigung Olympia Hertha, der CVJM und der Karlsruher Sportclub an. Ziel der Kooperation ist die gemeinsame Pflege und die Unterhaltung der Außenanlagen, die Abstimmung neuer Sportangebote und eine gemeinsame Öffentlichkeitsarbeit. Ein weiteres Mitglied ist die Gustav-Jacob-Hütte des Diakonischen Werkes Karlsruhe. Neben den vielfältigen Angeboten der Sportvereine erweitert die Diakonie das Spektrum der möglichen Freizeitaktivitäten im Hardtwald. Der Standort an der Linkenheimer Allee – unweit des Adenauerringes – ist ideal für Kinderfreizeiten und Stadtranderholungen.

Das Superteam aus Baden

Nach den Turnern kamen in Karlsruhe die Fußballer. Sie waren zunächst nicht gern gesehen, wurden von den politischen Turnern missachtet, setzten sich auf die Dauer dennoch als bestimmende Kraft durch. Stand die Wiege des deutschen Fußballs tatsächlich in Karlsruhe, wie oft behauptet wird? Diese Legende geht auf Walther Bensemann zurück, der, 1889 als Schüler des Bismarck-Gymnasiums aus der Schweiz einen Fußball orderte und in der Pause das Ballspiel vorführte, wobei eine kaputte Fensterscheibe zu beklagen war. Bald darauf entstand der „Karlsruher Footballclub", der erste dieser Art in Südwestdeutschland, zu dessen Gründungsmitgliedern auch der spätere Reichskanzler Prinz Max von Baden zählte. Zu Beginn des 20. Jahrhunderts ist die Karlsruher Fußballszene zweigeteilt: Die dominierenden Vereine sind der FC Phönix und der Karlsruher Fußballverein (KFV), die 1909 bzw. 1910 die deutsche Meisterschaft errangen. In den 1930er Jahren etablierte sich neben den arrivierten Vereinen der aus einer Fusion hervorgegangene VfB Mühlburg, der vor allem im nationalen Pokalwettbewerb auf sich aufmerksam machte. 1952 erfolgte dann der Zusammenschluss von FC Phönix und VfB Mühlburg zum heutigen Karlsruher Sportclub. Die gemeinsame Spielstätte war schnell gefunden: das im Hardtwald gelegene, 1954 ausgebaute Wildparkstadion. Elf Jahre später war der KSC Gründungsmitglied der neuen Bundesliga. Jetzt begann ein stetes Auf und Ab. Nach dem Abstieg in die Regionalliga 1968, kam es 1975 zu einer Rückkehr in die 1. Bundesliga, gefolgt von dem unvermeidlichen Abstieg im Folgejahr. Die nächste Rückkehr in die höchste Spielklasse brachte eine Konsolidierung: Der KSC entwickelte sich zu einer festen Größe, feierte Anfang der 90er Jahre auch internationale Erfolge und konnte mit Thomas Hässler gar einen Weltmeister in den eigenen Reihen präsentieren. 1993 gelang mit dem heute bereits legendären 7:0-Erfolg gegen die spanische Spitzenmannschaft FC Valencia einer der höchsten Siege der Europapokalgeschichte. Der Absturz folgte 1998 mit dem Abstieg in die 2. Bundesliga und danach in die Regionalliga. Der sofortige Wiederaufstieg 2001 sicherte dem Verein das sportliche und finanzielle Überleben.

▸ Der „Kaktus" zählt zu den beliebtesten Restaurants im Hardtwald

Die großen Erfolge und Niederlagen des Karlsruher Sportclubs fanden alle im Hardtwald statt. Der FC Phönix spielte 1921 an dieser Stelle im Hardtwald; durch die Gründung des KSC wurde ein größeres Stadion notwendig. Dieses wurde, im Wildpark, dem ehemaligen fürstlichen Jagdgebiet gelegen, 1955 mit dem Pokalspiel KSC gegen Rot-Weiß-Essen (2:2) eingeweiht.. Seit dem Ausbau 1993 finden auf den Rängen ca. 33 000 Zuschauer Platz. Neben Fußballspielen finden auch große Open-Air-Konzerte, religiöse Kongresse und Internationale Zuchtschauen des Deutschen Schäferhundevereins im Wildparkstadion statt.

Weitere Fußballvereine finden wir im Hardtwald weiter nördlich von Karlsruhe. Im nördlichsten Karlsruher Stadtteil Neureut starten für den FV Fortuna Kirchfeld drei Senioren- und acht Jugendmannschaften. Die erste Mannschaft spielt in der Bezirksliga und trifft in Nachbarschaftsduellen auf andere traditionsreiche Clubs, die ihre Heimstatt im Hardtwald haben: der 1905 gegründete FC Alemannia Eggenstein, der Sportverein 1911 e.V. Blankenloch, der FV 1919 Linkenheim und der FC Germania Friedrichstal. Noch weiter nördlich, jetzt schon Richtung Heidelberg, finden wir noch weitere Clubs, die ihre Zelte im Hardtwald aufgeschlagen haben. Dazu gehören u.a. der

▸ Nordöstlich des Schlosses liegt das Wildparkstadion

erst 1995 gegründete FC Astoria Walldorf, der SV Sandhausen 1916 und der TSV 1898 Wiesental.

Die Exoten

Mancher Verein residiert im Hardtwald, den man nun nicht zwingend hier vermuten würde. Neben den bereits erwähnten Turn-, Sport- und Fußballvereinen lassen sich auch hier einige Exoten finden. Beispielsweise die Opelfreunde Hardtwald e.V., deren Clublokal in Sandhausen den programmatischen Namen „Neue Heimat" trägt, und die auf ihrer Internetseite die Autos ihrer Mitglieder verzeichnet haben. Ob diese den Wald auch zu Fuß betreten, ist allerdings nicht bekannt. Eine völlig andere Form der sportlichen Betätigung bietet dem Interessierten der „Rod and Gun Club" südlich von Schwetzingen. Hier trainieren die amerikanischen Streitkräfte und nutzen dabei die vielen Möglichkeiten des militärischen Trainings. Die nötige Ruhe strahlt hingegen der unweit gelegene „U.S. Army Golf Course" aus. Hier kann man für 50 $ Greenfee 18 Löcher spielen. Die Karlsruhe-Cougars stellen einen anderen amerikanischen Volkssport in den Mittelpunkt: Baseball. Am Kanalweg gelegen, starten für den Verein Damen- und Herren-Mannschaften in unterschiedlichen Altersklassen. Der Hardtwald zieht seit jeher auch die Tierzüchter an: Am 22. April 1899 stellt Rittmeister von Stephanitz in Karlsruhe seinen „Hektor Linksrhein", einen reinrassigen Schäferhund, den Juroren vor und gründet kurz darauf den Verein für Deutsche Schäferhunde. Heute ist der Hauptsitz des Vereins zwar in Augsburg, der Karlsruher Ortsverein hat seinen Sitz aber am südlichen Hardtwald. Neben den Hundezüchtern finden wir im Hardtwald auch Imker. An der Grabener Allee steht eine Imkerschule und das Gebäude des Bienenzüchtervereins Karlsruhe e.V. Wer einen Einblick in die faszinierende Welt der Bienen bekommen möchte, kann sich hier informieren.

Freunde & Beschützer des Hardtwaldes

Seit einigen Jahren beherrscht die Gefährdung des Hardtwaldes durch verschiedene Bauvorhaben die öffentliche Debatte. Besonders die noch immer geplante Nordtangente erregt die Gemüter. Einige Karlsruher Bürgerinnen und Bürger gründeten 2001 den Verein Hardtwaldfreunde, der es sich zum Ziel gesetzt hat, den Wald vor den Eingriffen der Verkehrsplaner zu schützen. Auch der Verein „Oberrheinische Waldfreunde Karlsruhe", ein Kreisverband der Schutzgemeinschaft Deutscher Wald e.V. mit über 1200 Mitgliedern, hat es sich zum Ziel gesetzt, „für den Schutz und die Erhaltung eines gesunden und leistungsfähigen Waldes einzutreten".

Hintergrund

Wildparkstadion

Gesamtareal ca. 7,5 Hektar
Rasenplatz (105 x 70 Meter)
5 Nebenplätze
Wildparkhalle, Größe: 45 x 27 Meter
2 VIP-Räume und 24 Logen
Presse- und Funktionsräume
Fassungsvermögen ca. 40 000
für Open-Air-Konzerte
Fassungsvermögen (ohne Innenraum) 33 604
6 201 Sitzplätze Haupttribüne (überdacht)
3 416 Sitzplätze Gegentribüne (überdacht)
6 285 Sitzplätze Kurvenbereich
17 702 Stehplätze

Die Vereine im Überblick

Karlsruher Sportclub Mühlburg Phönix, SpVgg Germania Karlsruhe, MTV Karlsruhe, FC 21 Karlsruhe, SpVgg Olympia Hertha, KTV 1846 Karlsruhe, FSSV Karlsruhe, DJK Karlsruhe-Ost, SSC Sport- und Schwimmclub Karlsruhe e.V., Karlsruher Sportverein Rintheim-Waldstadt, Schützengesellschaft Karlsruhe 1721 e.V., Radsportgemeinschaft Karlsruhe 1898, Baseball und Softball Club Karlsruhe Cougars, Bienenzüchterverein Karlsruhe, Fortuna Kirchfeld, FC Alemannia Eggenstein, SV Blankenloch, Motorsport-Club Blankenloch, FV Linkenheim, Hardtwaldfreunde e.V., Opelfreunde Hardtwald e.V., Kleintierzuchtverein Friedrichstal, SG Oftersheim, TSV Oftersheim, Sportschützenverein 1955 e.V. Oftersheim, Rod & Gun Club Oftersheim, SV 98 Schwetzingen, SG Astoria 02 Walldorf, FC Astoria Walldorf, SV Sandhausen, FC Germania Forst, Golf Club St. Leon-Rot, VfB St. Leon.

Rezept

Schwammerl-Gulasch

Zutaten für 3-4 Personen:

ca. 500 – 800 g frische Waldpilze (vorzugsweise Steinpilze oder Pfifferlinge)
ca. 1 EL Butter
1 kleine Zwiebel
¼ l Weißwein (z.B. Riesling)
ca. 3 TL klare Brühe
Pfeffer, Salz
2 Lorbeerblätter
1 Becher saure Sahne
1 Becher süße Sahne
1 Bund Petersilie

Zubereitung:

Die Pilze putzen, mäßig waschen, trocken tupfen und in dünne Scheiben schneiden. Dann die Butter in der Pfanne erhitzen und die klein geschnittene Zwiebel glasig ausbraten. Pilze zufügen.

Etwa 5 Min. ausbraten, mit dem Weißwein oder Wasser ablöschen und dann auf kleiner Stufe ca. 20 Min. köcheln lassen. Etwa 3 TL Brühe zufügen. Mit Salz, Pfeffer und den Lorbeerblättern würzen. Gegebenenfalls noch etwas Flüssigkeit aufgießen.
Zum Schluss saure und süße Sahne einrühren und die kleingehackte Petersilie einstreuen.

Dazu passen: Semmelknödel (für die Geübten) oder Bandnudeln (für die „Schnellkocher")

Rezept von Evelyn Burkart

▸ Der Streit um die geplante Nordtangente erhitzt seit Jahren die Gemüter

Hintergrund

„Europaschule"

Die besondere Lage der Europaschule schafft eine besonders günstige Situation nicht nur für den Sportunterricht unter freiem Himmel. Diese wichtige Einrichtung hat sich über Jahrzehnte im Hardtwald etabliert und ist nicht mehr aus dem Karlsruher Stadtteil Waldstadt wegzudenken. 1962 gegründet, bietet die Europäische Schule Karlsruhe Unterricht in fünf Sprachen (Niederländisch, Englisch, Französisch, Deutsch und Italienisch) an. Ungefähr 1200 Schülerinnen und Schüler aus vielen europäischen und nicht-europäischen Ländern werden hier vom Kindergarten bis zum Europäischen Abiturzeugnis betreut.

Die Hardt und Mehr

Thomas Rupp

Trockene Statistik eines lebendigen Grüns

Der Hardtwald, zwischen dem Karlsruher Schloss und Graben-Neudorf gelegen, umfasst eine Fläche von 4736 Hektar. Er gehört den Gemeinden Graben-Neudorf, Linkenheim-Hochstetten, Eggenstein-Leopoldshafen, der Stadt Stutensee und dem Land Baden-Württemberg, das den ehemaligen Besitz des badischen Herrscherhauses betreut. Siedlungs- und Industrieentwicklung, Verkehrswege und die Landwirtschaft erforderten immer wieder Eingriffe, sodass seit 1850 rund 1 500 Hektar Wald – rund 32 Prozent der heutigen Fläche – verloren gegangen sind.

In den großflächig gemischten Wäldern sind Kiefern (66 %), Eichen (14 %) und Buchen (13 %) die häufigsten Baumarten. Die Kiefer kommt mit den oft trockenen Böden der Hardt am besten zurecht, weshalb sie immer bei der Bestandsbegründung bevorzugt wurde und auch zukünftig mehr als die Hälfte des Waldes einnehmen wird. Seit Jahrzehnten werden aber erhebliche Anstrengungen zur Vergrößerung des Laubbaumanteils unternommen. Während 1927 87 % Kiefern im Hardtwald standen, wurden bei der letzten Erhebung 1996 nur noch 66 % festgestellt. Dagegen haben die Eichen von 6 auf 14 % und die Buchen von 4 auf 13 % zugenommen.

Bei der nachhaltig betriebenen Waldpflege wird nur soviel Holz geerntet, wie tatsächlich nachwächst. Dies bedeutet, dass – bezogen auf die Gesamtfläche – pro Jahr rund 33 000 Festmeter von der Photosynthese erzeugt und von den Waldbesitzern geerntet werden, oder 90 Festmeter am Tag – mehr als drei große LKW-Ladungen – oder 3,75 Festmeter je Stunde. Dies ist ein Holzwürfel mit einer Seitenlänge von rund 1,55 Meter.

Der Wald dient aber gerade im dicht besiedelten Raum nördlich des Schlosses keinesfalls vorrangig der Holzproduktion. Viel wichtiger sind die Schutz- und Erholungsfunktionen, die in diesem Buch ausführlich vorgestellt wurden.

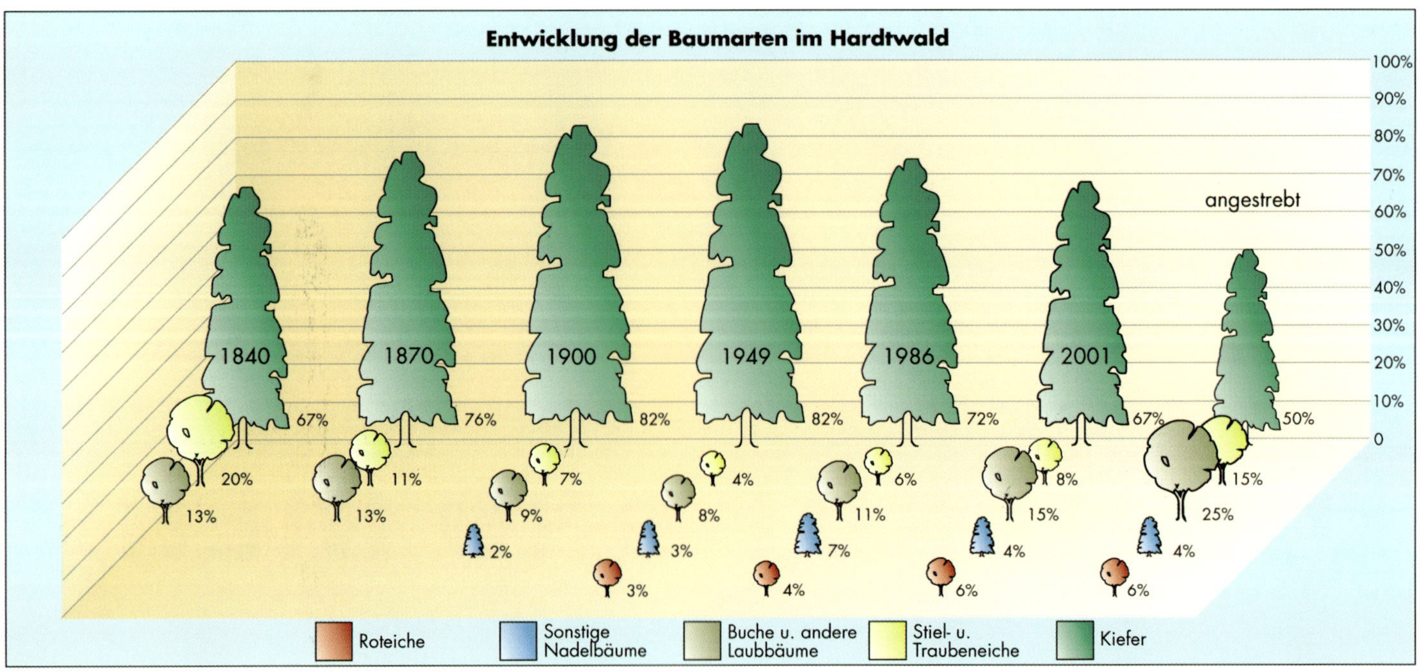

Der Hardtwald ist als regionaler Klimaschutzwald ausgewiesen, da die Temperaturgegensätze zwischen Freiland und Wald im oft schwülen und windarmen Rheintal für einen geringen, aber sehr wichtigen Luftaustausch sorgen. Die Bäume filtern Schadstoffe aus der Luft; deshalb ist die Bedeutung der ebenfalls ganzflächigen Immissionsschutzfunktion nicht zu unterschätzen. Der Hardtwald schützt die Qualität des oft tief liegenden Grundwassers so gut, dass dort derzeit acht Wasserwerke von Karlsruhe bis Graben-Neudorf jährlich insgesamt 15 Millionen Kubikmeter Trinkwasser – 28 000 Liter pro Minute – fördern.

Auf rund drei Vierteln der Fläche wird der Wald so intensiv von Joggern, Spaziergängern, Fahrradfahrern, Reitern und Inlinefahrern genutzt, dass er im Flächennutzungsplan als Erholungswald kartiert wurde.

Der Wald als Lebensraum für eine vielfältige Tier- und Pflanzenwelt ist gerade im dicht besiedelten Rheintal von besonderer Bedeutung. Die Ausweisung als Landschaftsschutzgebiet, die Kartierung zahlreicher Biotope, das Vorkommen seltener Arten, Waldschutz- und Naturschutzgebiete und die Meldung als FFH-Flächen der EU zeigen dies. Diese vielfältigen Aufgaben überlagern sich häufig; im Mittel muss jede Fläche 3,2 Funktionen gleichzeitig erfüllen.

Umweltverschmutzung und Klimaextreme erschweren heute die Waldentwicklung. Hitzeperioden wie im heißen Sommer 2003 führen zu Wassermangel. Junge Bäume vertrocknen, ältere können Insektenbefall weniger gut abwehren. Stürme wie 1990 und 1999 verändern das Landschaftsbild und werfen die forstlichen Pläne über den Haufen.

Zusammen mit Mistelbefall und Insektenschäden hat die Witterung in den letzten Jahren nahezu die Hälfte des Einschlags verursacht. Und nicht zuletzt sorgen die hohen Engerlingsdichten des Maikäfers dafür, dass die Waldverjüngung, insbesondere die Laubbaumnachzucht, erheblich erschwert ist.

▸ Die Kiefer ist die häufigste Baumart im Hardtwald

Volker C. Ihle

Zu guter Letzt...

...ein Blick über den Tellerrand

Wussten Sie schon,

... dass im Herzen des Hardtwalds eine mittelalterliche Wasserburg steht?
... dass es im Hardtwald ein Mineralquellen-Schutzgebiet gibt?
... dass der weltweit einzige bi-nationale Großflughafen im Hardtwald liegt?
... dass Friedrich Schiller direkt am Hardtwald geboren wurde?
... dass der Markgraf von Baden den Hardtwald noch immer in wenigen Geh-Minuten erreichen kann, obwohl er inzwischen in der Nähe des Bodensees wohnt?
... dass die Nibelungen-Quelle von einigen Fachleuten im Hardtwald vermutet wird?

Viele interessante Tatsachen – und keine davon ist in diesem Buch erwähnt! Wie konnte das passieren? Nun, es ist keine Nachlässigkeit der Autoren oder des Verlags, sondern hat einen anderen, ganz einfachen Grund. Bei der Aufzählung handelt es sich um völlig verschiedene Namensvettern „unseres" Hardtwaldes. Sie liegen teilweise weit von einander entfernt und haben doch eines gemeinsam. Ihr Name leitet sich vom mittelhochdeutschen Wort „hart" ab, was nichts anders als „Wald" bedeutet.

Der zuerst genannte Hardtwald besteht aus einem größeren Waldstück bei Euskirchen am Nordrand der Eifel. In der abgelegenen, von Gräben umgebenen Hardtburg lebte jahrhundertelang ein Grafengeschlecht, dessen letzter Nachkomme Erzbischof von Köln war. Heute ist die Burg im Besitz des Landes Nordrhein-Westfalen und Wohnsitz des Hardtwaldförsters.

Das Mineralquellen-Schutzgebiet liegt an einem Ausläufer des Taunus, der Hardtwald heißt. Die Quellen speisen die berühmten Badeanlagen von Bad Homburg.

Der weltweit einzige bi-nationale Flughafen „Basel-Mulhouse" reicht in den elsässischen Hardtwald hinein, in dem sich auch das 90 Hektar große Versuchsgelände des Deutsch-Französischen Forschungsinstituts Saint-Louis (ISL) befindet. „Le Hardtwald prairie steppique", wie er in einem französischen Geographiebuch beschrieben wird, erstreckt sich von Colmar bis Mülhausen zwischen Rhein und Ill.

Dass Friedrich Schiller nach wie vor im Schwäbischen geboren wurde, soll nicht bestritten werden. Seine Geburtsstadt Marbach liegt jedoch an einem Hardtwald und war als Mitglied der Hardtwaldgenossenschaft Miteigentümer dieses bereits 1478 urkundlich erwähnten Waldes. Für die Forstgerichtsbarkeit gab es ein eigenes Hardtwaldgericht, das bis 1839 jährlich am „Lindenbaum vor dem Dorfe Murr" tagte.

Zu den kleinsten Namensvettern unseres Hardtwaldes gehört ein Waldstück östlich von Salem, dem jetzigen Sitz der badischen Markgrafen. Dort fand man bei Ausgrabungen einige vorzeitliche Gefäße, Perlenketten und Waffen, die gleich nach ihrer Entdeckung den umgekehrten Weg der Fürstenfamilie eingeschlagen haben und heute als Exponate des Badischen Landesmuseums im Karlsruher Schloss „residieren".

Die kräftig sprudelnde und kohlensäurehaltige Haardtwaldquelle im mystischen Haardtwald des Hunsrücks gilt als möglicher Nibelungenbrunnen. Nicht weit davon entfernt erhebt sich der mutmaßliche Stammsitz des Siegfriedmörders Hagen von Tronje: die Burgruine Dhronekken. Leider streiten sich schon etliche Tourismusämter im Odenwald, Taunus und Elsass um die „echte" Siegfriedquelle. Doch warum sollte sie nicht im Haardtwald liegen (der in alten Urkunden auch mit einem a geschrieben wurde)?

Man könnte jetzt noch auf den Hardtwald im nordhessischen Bergland eingehen, wo es sogar eine Hardtwaldklinik gibt – zwar nicht so berühmt wie die Schwarzwaldklinik, aber dafür tatsächlich existierend. Oder auf den Pfälzerwald, der früher einfach Ha(a)rdt genannt wurde und wo es heute noch eine Hardtmühle gibt. Oder auf den Hardtwald beim Naturpark Schönbuch, der im Mittelalter bis zum Filderstädter Stadtteil „Harthausen" (= Häuser am Hardtwald) reichte.

Aber das würde alles viel zu weit führen. Da erscheint es wesentlich sinnvoller, sich zuerst einmal auf einen Hardtwald zu konzentrieren. Doch mit welchem soll man beginnen? Welcher ist es besonders wert, dass man ihn näher kennen lernt? Ich meine, die Antwort liegt auf der Hand. Schließlich gibt es nur einen einzigen mit einem so faszinierenden und vielversprechenden Prädikat:

Der Hardtwald – Traum in Grün

▸ Seit dem Zweiten Weltkrieg nimmt der Anteil der Laubbäume im Hardtwald wieder zu

DIE AUTOREN

THOMAS ADAM
ist Historiker und Leiter des Städtischen Museums Bruchsal.

NORBERT BEIER-XANKE
ist freier Architekt und Feng-Shui-Berater.

PATRICIA BLUM
ist freischaffende Künstlerin, Designerin und Autorin.

DR. MANFRED BÖTTGER
ist Wissenschaftlicher Mitarbeiter und Studienberater am Lehrstuhl für Angewandte Geologie der Universität Karlsruhe.

DR. HERMANN EBELING
ist Journalist und Autor zahlreicher Bücher.

DR. FRANZ FIEDLER
ist Professor am Institut für Meteorologie und Klimaforschung der Universität Karlsruhe.

DIETMAR FINDLING
ist Buchautor, Schreiner, Grafik-Designer und Finanzwirt.

MANUELA GANZ
ist Kunsthistorikerin und leitet das Ressort Presse- und Öffentlichkeitsarbeit bei der Staatlichen Majolika Manufaktur Karlsruhe.

DR. HANS GOLL
ist Rechtsanwalt und Vorsitzender des Bienenzüchtervereins Karlsruhe e.V.

LILJANA GROH
ist Diplom-Betriebswirtin und Marketingleiterin der Schorn & Groh GmbH, Karlsruhe.

DR. BERND HOFMANN
ist Mitarbeiter der Stadtwerke Karlsruhe

VOLKER C. IHLE
ist Professor an der Berufsakademie Karlsruhe.
Er leitet den Studiengang Wirtschaftsingenieurwesen.

ULRICH KIENZLER
ist Forstdirektor und Leiter des Staatlichen Forstamtes Karlsruhe.

MICHAEL KOHLER
ist Programm- und Projektleiter im G. Braun Buchverlag.

DR.-ING. HABIL. DIETRICH MAIER
ist Professor, wissenschaftlicher Leiter des Heinrich-Sontheimer-Laboratoriums für Wassertechnologie und wissenschaftlicher Berater der Stadtwerke Karlsruhe in Trinkwasserfragen.

DR. MATTHIAS MAIER
ist Leiter des Bereichs Trinkwassergewinnung bei den Stadtwerken Karlsruhe.

DR. CLAUS MATTHECK
ist Professor am Institut für Materialforschung am Forschungszentrum Karlsruhe.

DR. ELSA NICKEL
ist Leiterin der Bezirksstelle für Naturschutz und Landschaftsplanung Karlsruhe.

DR. GEORG PHILIPPI
ist Professor und Leiter der Abteilung für Botanik am Staatlichen Museum für Naturkunde in Karlsruhe.

THOMAS RUPP
ist Oberforstrat und Leiter des Forstamtes Karlsruhe-Hardt.

DIPL.-ING. HORST SCHMIDT
ist Leiter des Gartenbauamtes der Stadt Karlsruhe.

CHRISTOF SCHUPPERT
ist Diplom-Geograf mit dem Schwerpunkt Kulturgeografie.

KLAUS VOIGT
ist Schulleiter a.D. und Buchautor

ANDREAS WOLF
ist Diplom-Biologe und Mitarbeiter bei der Bezirksstelle für Naturschutz und Landschaftsplanung Karlsruhe.

ERLEBNIS HARDTWALD

AUSGEWÄHLTE LITERATUR

Bezirksstelle für Naturschutz und Landschaftspflege Karlsruhe [Hrsg.]
(1994): Naturschutzgebiet Kohlplattenschlag (Faltblatt).
(1994): Natur- und Landschaftsschutzgebiet Wilhelmsäcker (Faltblatt).
(1999): Schutzgebietskonzeption Hardtplatten.
(2000): Die Naturschutzgebiete im Regierungsbezirk Karlsruhe, Stuttgart.
(2001): Alter Flugplatz Karlsruhe (Faltblatt).

Böttger, Manfred (1983): Die Böschungsgestaltung in Baggerseen der Sand- und Kiesvorkommen des mittleren Oberrheingebietes. Carolinea 41, S. 21-32. Karlsruhe.

Böttger, Manfred / Hötzl, Heinz (2000): Kiesabbau im Oberrheingraben zwischen Ökonomie und Ökologie. Geographische Rundschau, H. 6, S. 9-15. Braunschweig.

Chinery, Michael (1993): Pareys Buch der Insekten. Berlin.

Dierschke, Hartmut (1994): Pflanzensoziologie: Grundlagen und Methoden. Stuttgart.

Doerrschuck, Hubert (1971): Karlsruhe, so wie es war - Ein Bildband. Düsseldorf.

Doerrschuck, Hubert / Meininger, Herbert (1984): Karlsruhe. Stadtgeschichte und Bilddokumentation. Karlsruhe.

Ebeling, Herrmann (2001): Karlsruhe - Ein Fächer von Möglichkeiten. Karlsruhe.

Ebeling, Herrmann (1985): Der Freiherr von Drais. Das tragische Leben des „verrückten Barons". Karlsruhe.

Harde, Karl Wilhelm / Severa, Frantisek (1988): Der Kosmos-Käferführer. Stuttgart.

Hennebo, Dieter / Hoffmann, Alfred (1965): Geschichte der Deutschen Gartenkunst Bd. II. Hamburg.

Hennebo, Dieter (1970): Geschichte des Stadtgrüns I. Hannover - Berlin - Sarstedt.

Landesanstalt für Umweltschutz Baden-Württemberg [Hrsg.]
(1987): Naturschutz im Landkreis Karlsruhe - Naturdenkmale. Führer Natur- und Landschaftsschutzgebiete Baden-Württemberg, 15.
(1989): Naturschutz im Landkreis Karlsruhe - Landschaftsschutzgebiete. Führer Natur- und Landschaftsschutzgebiete Baden-Württemberg, 17.

Leiber, Gottfried (1996): Friedrich Weinbrenners städtebauliches Schaffen für Karlsruhe Teil I. Karlsruhe.

Maier, Dietrich / Maier, Matthias / Hofmann, Bernd (1995): Waldkalkungsmaßnahmen in den Wasserschutzgebieten der Stadt Karlsruhe. 27. Jahresbericht der AWBR, S. 105-113.

Maier, Dietrich / Eberhardt, Hans (1996): Chronik der Wasserversorgung von Durlach und Karlsruhe. Stadtwerke Karlsruhe.

Mailänder Geo Consult (1998): Umweltverträglichkeitsstudie zur Neuerteilung der wasserrechtlichen Erlaubnis für das Wasserwerk Rheinwald der Stadtwerke Karlsruhe. Anlage zum Wasserrechtsantrag der Stadtwerke Karlsruhe GmbH. Karlsruhe.

Mattheck, Claus (1999): Stupsi erklärt den Baum. Ein Igel lehrt die Körpersprache der Bäume. Karlsruhe.

Mosonyi, Esteban (1981): Johann Gottfried Tulla und die Korrektion des Oberrheins. Karlsruhe.

Dt. Geodätentag, Tagungsführer, Deutscher Verein für Vermessungswesen. Karlsruhe.

Stadtwerke Karlsruhe (1997): Der Karlsruher Wasserweg, Trinkwasser für Karlsruhe; Informationsbroschüren.

Remane, Reinhard / Wachmann, Ekkehard (1993): Zikaden kennenlernen, beobachten. Naturbuch. Augsburg.

Rietschel, Siegfried (2002): Insekten. Treffsicher bestimmen mit dem 3er-Check. München.

Rommel, Gustav (1933): Der Karlsruher Hardtwald. Karlsruhe.

Stadt Karlsruhe [Hrsg.], (1996): Naturführer Karlsruhe - Hardtwald (Faltblatt, 2. Auflage).

Stadt Stutensee [Hrsg.], (2001): Gewässerlehrpfad Stutensee (Faltblatt, 2. Auflage).

Sauer, Frieder (1992): Die schönsten Raupen nach Farbfotos erkannt. Karlsfeld.

Sauer, Frieder (1998): Fliegen und Mücken nach Farbfotos erkannt. Karlsfeld.

Settele, Josef / Feldmann, Reinart / Reinhardt, Rolf (2000): Die Tagfalter Deutschlands. Stuttgart.

Thürach, Hans (1912): Geologische Spezialkarte des Großherzogtums Baden; Erläuterungen zu den Blättern Karlsruhe und Daxlanden. Heidelberg.

Wachmann, Ekkehard (1989): Wanzen beobachten, kennenlernen. Melsungen.

BILDNACHWEIS

Amt für Vermessung, Liegenschaften und Wohnen: 8

Norbert Beier-Xanke: 118, 120

Foto Fabry: 7, 10, 11 unten, 17, 19, 32 unten, 32/33, 36, 53, 58, 66, 86, 91, 92, 93, 94, 95, 112, 113, 122, 123, 124/125, 127, 134, 137, 139

Franz Fiedler: 78, 79

Forschungszentrum Karlsruhe: 129

G. Braun Buchverlag, Archiv: 11 oben, 14

Thomas Kaiser: 21, 59, 63

Andreas Keil: 12, 20, 25, 26, 28, 60, 61, 62, 80, 106, 107, 108, 114, 130, 132

Wilhelm Knobloch: 15, 16

Majolika Manufaktur Karlsruhe: 90, 96

Onuk, Bernhard Schmitt: 22/23, 34, 88/89, 109, 116, 117

B. Reichenbach: 54, 55, 56, 57

Schorn & Groh: 99, 100/101, 102, 103, 104

Ariane Sohn: Kartenzeichnungen 124, 126, 128, 129

Staatliche Kunsthalle Karlsruhe: 30, 31

Stadtwerke Karlsruhe: 69, 70

Reiner Steinmetz: 45 unten, 133

WAGER ! Kommunikation: 9, 37, 65, 68, 73, 97, 105, 111, 121, 135, 137, 143, Hintergrundbilder: 6/7, 13, 16, 27, 31, 34/35, 52, 58-61, 64, 70-72, 81, 98, 107, 108, 110, 115, 126, 131, 132, 140, 142

P. Westrich: 39

Andreas Wolf: 41, 42, 43, 44, 45 oben, 46, 47, 48/49, 50, 51

Umschlagfotos: Andreas Keil, Andreas Wolf, Bernhard Schmitt, Foto Fabry

SPONSOREN

Für die Förderung dieses Projektes bedanken wir uns herzlich bei:

KARSTADT
Karlsruhe - Kaiserstraße

Volksbanken Raiffeisenbanken

BNN BADISCHE NEUESTE NACHRICHTEN

Forschungszentrum Karlsruhe
in der Helmholtz-Gemeinschaft

STADTWERKE KARLSRUHE
VERSORGUNG MIT VERANTWORTUNG

SG
SCHORN & GROH
FURNIERE · VENEERS

MAJOLIKA
MAJOLIKA KARLSRUHE
KERAMIK MANUFAKTUR

FREUNDESKREIS

Für die freundliche Unterstützung danken wir:

- Atelier für florales Wohnen
- Hergard-Kindermoden
- Karlsruher Kind
- Kinderglück
- Licht und Wohnen
- Pelzhaus Arzt GmbH & Co.
- Röser Media GmbH & Co. KG
- Stober's Mode GmbH

Karlsruhes kulturelle Vielfalt im G. Braun Buchverlag

Kompakt und handlich, reich illustriert und sorgfältig recherchiert bietet der neue Stadtführer 15 anschaulich geschilderte, räumlich und thematisch geordnete Stationen eines Stadtrundganges zu den Sehenswürdigkeiten der „neuen“ Residenz Karlsruhe und denen der alten Stadt Durlach.

Karlsruhe. Der Stadtführer
132 Seiten mit 80 Farbabbildungen
ISBN 3-7650-8288-0

Der reich bebilderte Band zeigt die Stadt Karlsruhe aus ungewöhnlichen Perspektiven, mit all ihren großen und kleinen Sehenswürdigkeiten, mit ihren Menschen und einem besonderen Flair.

Hermann Ebeling
Karlsruhe. Ein Fächer von Möglichkeiten
3. Auflage, 108 Seiten mit 100 Abbildungen
ISBN 3-7650-8319-4

Lebendige Vergangenheit steht in Karlsruhe, wie in diesem Buch, neben moderner Gegenwart. Im Mittelpunkt der vielfältigen historischen Perspektiven steht die geometrische Form des vom Schloss ausgehenden barocken Straßenfächers.

Hermann Ebeling
Karlsruhe. Stadt mit Perspektive
3. Auflage, 60 Seiten mit 80 Abbildungen
ISBN 3-7650-8253-8

Der Jugendstil, eine Baukunst der Ornamente, hat auch in Karlsruhe seine Spuren hinterlassen. Die zahlreichen detailgenauen Fotos und die fachkundigen Texte machen dieses Buch zum idealen Führer für kunsthistorisch Interessierte.

Monika Bachmayer und Robert Dreikluft
Jugendstil in Karlsruhe
160 Seiten mit 180 Farbabbildungen
ISBN 3-7650-8247-3

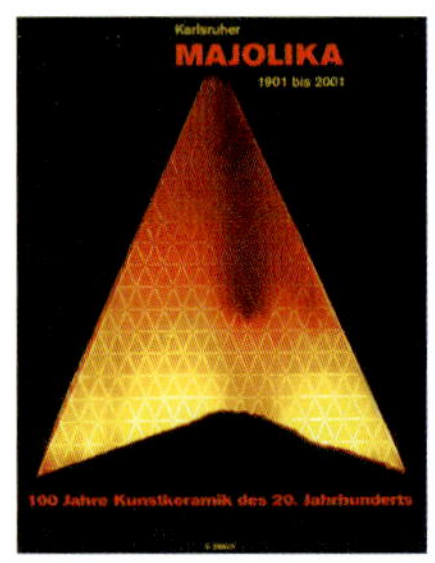

Das reich bebilderte Serienverzeichnis, die Künstlerbiographien und das knapp gefasste Lexikon der Fachausdrücke machen den Band zu einem unentbehrlichen Nachschlagewerk für alle an Kunstkeramik Interessierten.

Monika Bachmayer und Peter Schmitt
Karlsruher Majolika 1901 bis 2001
240 Seiten mit 350 Farbabbildungen
ISBN 3-7650-8259-7

G.BRAUN BUCHVERLAG

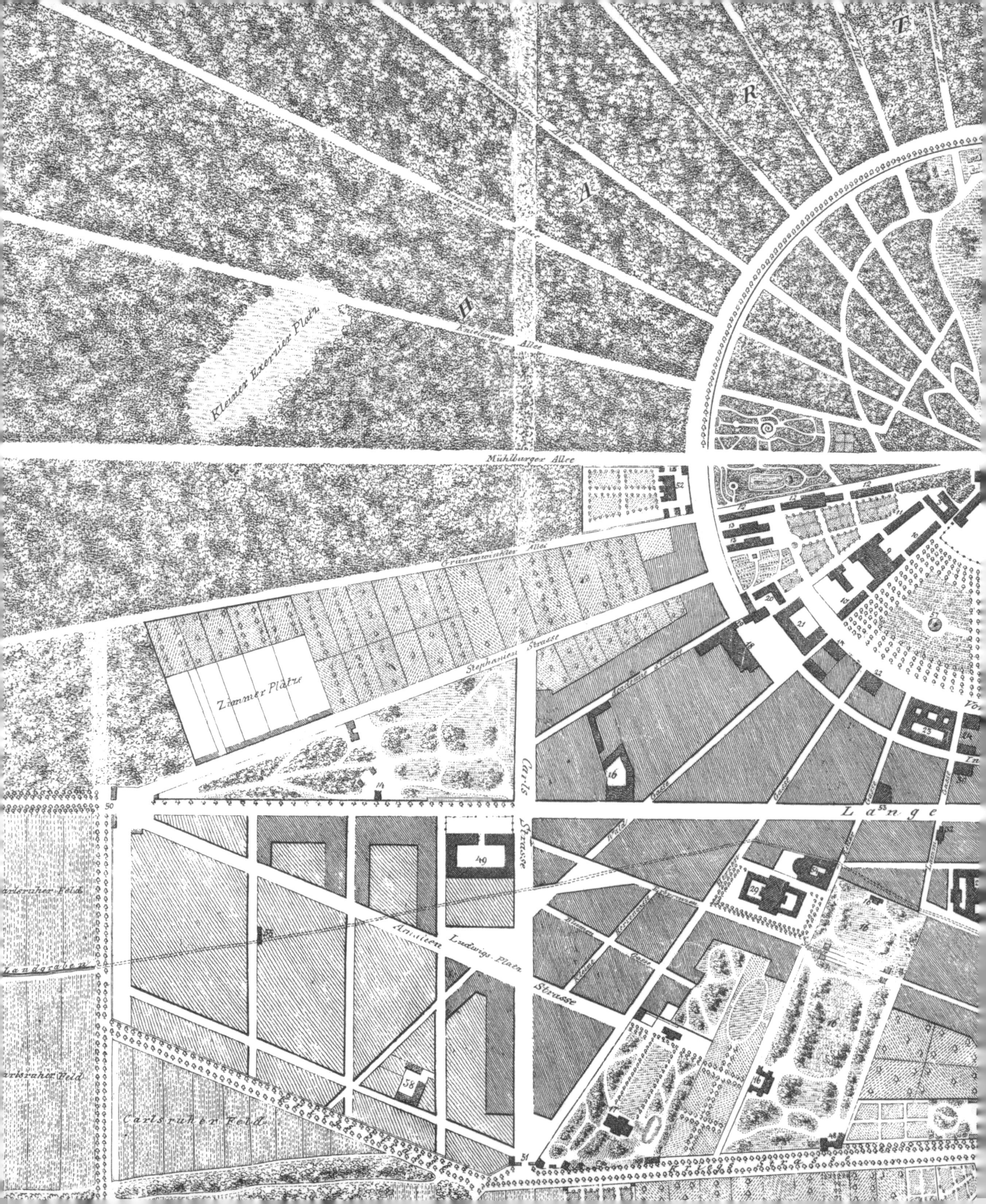

R
A
H
T
Kleiner Exerzier Platz
Mühlburger Allee
Stephanien Strasse
Zimmer Plätze
Carls Strasse
L a n g e
Amalien
Ludwigs Platz
Strasse
Carlsruher Feld